AF550690

Die ENZYKLOPÄDIE der UNGLAUBLICHEN FAKTEN

INHALT

EINLEITUNG 4

DER MENSCHLICHE KÖRPER 6

WISSENSCHAFT & TECHNIK 16

TIERE 26

NATUR 36

WELTRAUM 46

VERBLÜFFENDE FAKTEN	56
GESCHICHTE	66
BRÄUCHE & KULTUREN	76
UNSERE WELT	86
KUNST & UNTERHALTUNG	96
GLOSSAR	106
INDEX	110

HALLO IHR FAKTEN-FÜCHSE!

Lasst uns den Fakten ins Auge sehen: FAKTEN, besonders die unglaublichen, sind einfach faszinierend. Sie öffnen uns die Augen, verwirren unser Gehirn und sie helfen uns, unsere Freunde und Familie zu beeindrucken. Wenn du jemand bist, der Fakten liebt – und jemand sein möchtest, der alles weiß – dann ist dieses Buch genau das Richtige für dich.

WAS IST EINE ENZYKLOPÄDIE?

Eine Enzyklopädie ist ein Buch, das erklärt, wie die Welt funktioniert. Es ist randvoll mit Fakten zu einer Vielzahl von Themen oder mit vielen Fakten zu einem bestimmten Thema. Diese Enzyklopädie platzt mit 500 **UNGLAUBLICHEN** Fakten aus allen Nähten. Bald wirst du rufen: „Das glaub ich nicht! Das kann ja gar nicht stimmen."

Tatsache ist, dieses Buch enthält 10 Kapitel zu unterschiedlichen Themenbereichen, von Tieren über den menschlichen Körper bis hin zu Geschichte und Weltraum. Jedes Kapitel enthält 50 Fragen und jede Antwort ist ein Fakt.

Kannst du dich selbst kitzeln?
Siehe Seite 11.

Was ist ein Frankenburger?
Siehe Seite 21.

Welches Tier kackt in Würfeln?
Siehe Seite 27.

SO LIEST DU DIESES BUCH

Beim Lesen der *Enzyklopädie der unglaublichen Fakten* gibt es keinen richtigen Weg. Hier sind jedoch ein paar Ideen, wie du vorgehen könntest. Oder du findest ganz einfach deine eigene Methode.

1. Wo beginnen? Blätterst du sofort zu deinem Lieblingsthema und testest dich selbst?
2. Oder liest du die Seiten 1 bis 112? Aber Achtung, dein Gehirn könnte dabei wachsen ...
3. Du kannst es zuerst allein lesen und dann deine Freunde mit Wissen beeindrucken.
4. Lies die Fragen deinen Freunden oder deiner Familie vor. Wissen sie die Antworten?
5. Du liest verschmitzt zuerst die Antwort vor und sagst: „Wie lautet die Frage?"
6. Du kannst dir zuerst die Bilder ansehen und dann die Wow-unglaublich-Fakten lesen.
7. Du kannst auf dem Sofa lesen, unter Bäumen oder im Dunkeln mit der Taschenlampe.
8. Such im Inhaltsverzeichnis nach einem Thema und lies dann unglaubliche Fakten dazu.
9. Spring zu einem Bereich, in dem du dich nicht auskennst, um Verblüffendes zu lernen.
10. Du kannst lesen, um die unglaublichsten neuen Dinge zu lernen. Oder zum Spaß.

Was sind deine 3 liebsten Fakten aus jedem Abschnitt?

Was sind deine 10 liebsten Fakten aus dem gesamten Buch?

DER MENSCHLICHE KÖRPER

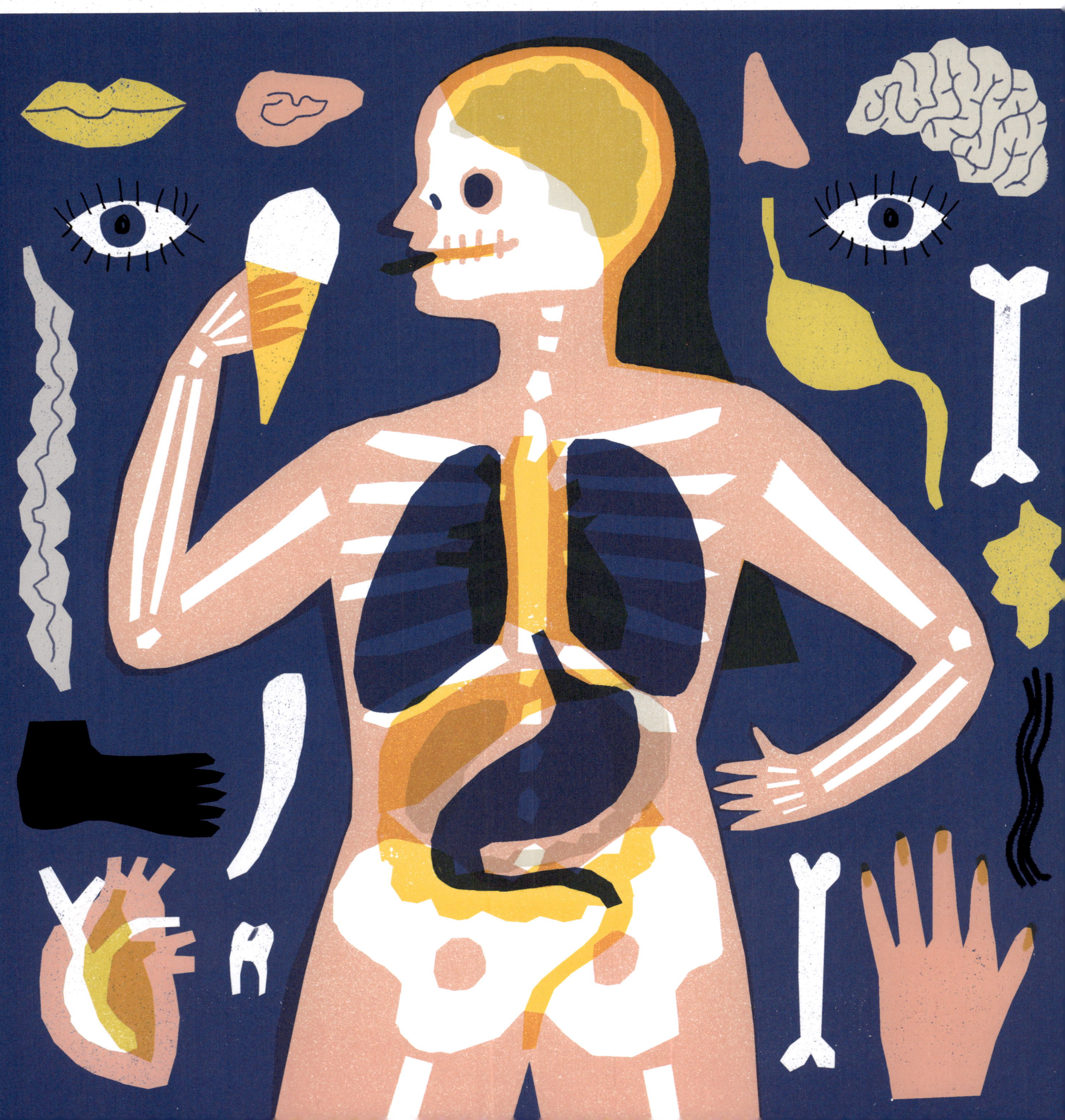

F In deinem Körper gibt es davon 7.000.000.000.000.000.000.000.000.000 (das sind 7 Quadrilliarden). Was kann das sein?

A Atome. Alles im Universum besteht aus Atomen. Ein Atom ist ein Grundbaustein der Materie. Dieser Punkt hier „." ist etwa 20 Millionen Mal größer als ein Atom.

F Wie viele Zellen gibt es im menschlichen Körper?

A Ungefähr 37 Billionen. Alle lebenden Dinge bestehen aus Zellen.

F Wer hat mehr Haare auf dem Körper, ein Mensch oder ein Schimpanse?

A Ein Mensch hat genauso viele Haare wie ein Schimpanse, aber die dünnen menschlichen Haare sind viel schwieriger zu erkennen.

F Was ist so besonders an DNS? Und wofür stehen die Buchstaben?

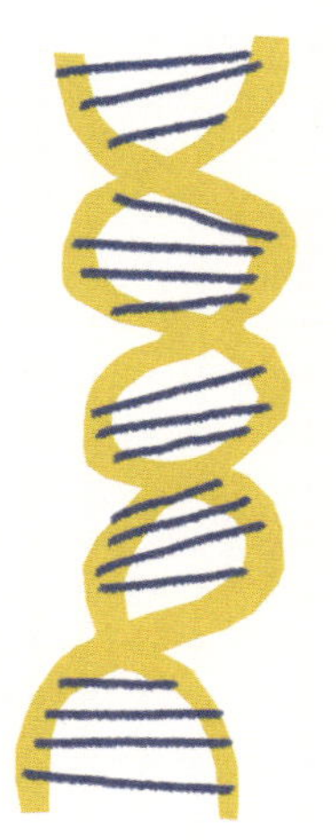

A DNS steht für Desoxyribonuklein (Des-oxy-rib-o-nu-kle-in)-säure. Versuch doch mal, das laut zu sagen. DNS findet sich im Inneren von Zellen. Sie enthält die Informationen, die der Körper zum Funktionieren und Wachsen braucht.

F Wie schnell bewegen sich Botschaften ins Gehirn und aus dem Gehirn?

A Nerven senden Signale in das Gehirn und aus dem Gehirn. Die schnellsten Signale bewegen sich so rasant wie ein ICE.

F Welcher Sinn ist der schnellste?

A Das Gehör. Klatsch doch mal in die Hände. Der Ton bewegt sich in nur 0,05 Sekunden vom Ohr ins Gehirn. Das ist 10 Mal schneller, als eine Nachricht zwischen deinem Auge und deinem Gehirn braucht.

F Wie oft blinzelst du in der Minute?

A Etwa 20 Mal. Insgesamt sind deine Augen jeden Tag etwa 90 Minuten geschlossen. Das Blinzeln hält die Augen feucht, damit sie gut arbeiten können. Auch Vögel zwinkern, aber jeweils abwechselnd mit nur einem Auge.

F Was lebt auf deinen Wimpern?

A Winzig kleine Käfer, die Haarbalgmilben, können auf deinen Wimpern leben. Du bräuchtest ein Mikroskop, um sie zu sehen.

F Wie viel Schleim produziert deine Nase?

A Fast 7 Teetassen Schleim, Schnodder oder Rotz pro Tag. Das meiste rinnt die Kehle hinunter, ohne dass du es merkst! Das Innere deiner Nase ist wie ein Fußabtreter, der Schmutz und Keime davon abhält, in deinen Körper einzudringen.

F Was geschieht 40 Millionen Mal pro Jahr in deinem Körper?

A Dein Herz schlägt. Etwa 70 Mal pro Minute und mehr als 100.000 Mal am Tag. Leg deine Hand auf die Brust und fühl doch mal!

F Welches Teil im INNEREN deines Körpers wird rot, wenn du verlegen bist?

A Dein Magen. Wenn du in Verlegenheit gerätst, erzeugt dein Körper ein Hormon namens Adrenalin, das für verstärkten Blutfluss sorgt. Deine Magenschleimhaut wird rot. Du errötest also auch von innen!

F Wo verbringst du im Laufe deines Lebens bis zu 92 Tage?

A Auf der Toilette! Außerdem verbringst du 3,5 Jahre mit Essen. Schmatz.

F Wie oft bewegt sich ein Blutkörperchen jeden Tag durch dein Herz?

A Mehr als 1000 Mal. Das ist ganz schön viel Hin und Her im Körper.

F Wie lange hat der längste Anfall von Schluckauf gedauert?

A 68 Jahre. Es gibt eine ganze Menge von guten Tipps, um Schluckauf loszuwerden, zum Beispiel an Ananas denken oder überrascht werden. Was funktioniert bei dir?

F Was ist schneller – ein Pups, ein Nieser oder ein Husten?

A Der Nieser ist mit etwa 160 km/h der Gewinner. Husten ist ungefähr 80 km/h schnell. Am langsamsten ist der Pups mit etwa 10 km/h.

F Wie viele Arten von Keimen leben in deinem Bauchnabel?

A Ungefähr 67. Keime, Bakterien genannt, sind winzige Lebewesen. Einige Bakterien sind gut, einige sind schlecht für den Körper.

F Welches Edelmetall ist in deinen Haaren zu finden?

A Gold. Deine Locken bestehen aus einem harten Protein namens Keratin. Haar enthält jedoch auch winzige Spuren von Gold. Babys haben mehr davon als Erwachsene. Auch andere Körperteile, wie das Herz, weisen Spuren von Gold auf.

F Warum stinken nur manche Pupse?

A Nur 1 % aller Fürze enthalten Schwefel, den Stoff, der sie stinken lässt. Die anderen 99 % bestehen aus Gas, das nicht unangenehm riecht. Deine Pupse stinken, wenn du viele schwefelreiche Lebensmittel wie Bohnen isst.

F Was passiert, wenn du eruktierst?

A Du rülpst. Luft aus deinem Magen wird – pardon! – über den Mund ausgestoßen, damit sich der Magen nicht zu sehr ausdehnt. In vielen Kulturen gehört es zum guten Ton, nach einer köstlichen Mahlzeit aufzustoßen.

F Und *aaaatmen* … Wie viele Atemzüge machst du am *Tag*?

A Ungefähr 20.000, also etwa 600 Millionen in deinem Leben. Du atmest Sauerstoff ein und Abgase aus. Die meiste Luft strömt nur aus einem Nasenloch ein und aus. Alle paar Stunden übernimmt das andere Nasenloch.

F Welches ist der größte Muskel im Körper?

A Vielleicht sitzt du sogar gerade darauf. Es ist der *gluteus maximus*, auch bekannt als Hinterteil, Gesäß, Kehrseite oder Po.

F Kann Lächeln glücklich machen?

A Ja. Wissenschaftler fanden heraus, dass es dafür sorgt, dass dein Gehirn glücklich machende Stoffe freisetzt. Immer schön lächeln!

F Welcher Teil deines Körpers ähnelt einem Oktopus-Tentakel?

A Deine Zunge. Sie kann sich biegen, die Form verändern und strecken wie die Tentakel eines Oktopus.

F Was ist das stinkigste Ding auf der ganzen Welt?

A Schwierig. Jede Nase hat ihre eigene „Meinung". In Frankreich ist es verboten, den Käse Époisses de Bourgogne in öffentlichen Verkehrsmitteln mitzunehmen, weil er so übel riecht. In Asien wurde die nach Abfluss stinkende Durian-Frucht aus Hotels verbannt.

F Kannst du dich selbst kitzeln?

A Nein, Kitzeln ist immer mit Überraschung verbunden und du kannst dich selbst nicht überraschen. Kleiner Tipp: Konzentrier dich bei einer Kitzelattacke auf die Fußsohlen deiner Gegner, die gehören zu den kitzligsten Körperteilen.

F Wie alt warst du, als du deine Finderabdrücke bekamst?

A Du hattest bereits vor der Geburt Fingerabdrücke. Im Bauch deiner Mutter hast du sie schon nach 3 Monaten. Jeder Mensch hat einen einzigartigen Fingerabdruck.

F Was kann dein Körper nicht?

A Die meisten Menschen können ihren Ellbogen nicht ablecken. Kannst du das? Und es ist extrem schwierig, mit offenen Augen zu niesen.

F Wo in deinem Körper liegt die Reilsche Insel?

A Tief in deinem Gehirn. Sie ist nach Johann Christian Reil benannt, der als Erster diesen Teil des Gehirns beschrieb, der mit Gefühlen, Sprache und Entscheidungsfindung zusammenhängt.

F Wächst du über Nacht?

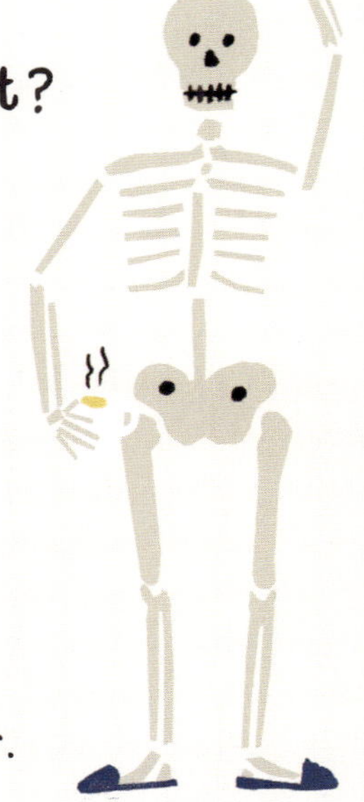

A Ja, am Morgen bist du meist etwa 8 Millimeter größer. Während des Tages, wenn du aufrecht gehst, wird die weiche Masse zwischen deinen Knochen, der Knorpel, zusammengedrückt. Im Bett dehnt er sich wieder aus und du bist früh ein bisschen größer.

F Was hat mehr Knochen, deine Hand oder dein Fuß?

A Deine Hand. Sie hat 27 Knochen, dein Fuß 26.

F Mach einen Schritt. Wie viele Muskeln hast du benutzt?

A Bis zu 200 Muskeln.

F Wie viele Jahre verschläfst du im Laufe deines Lebens?

A 33 Jahre, falls du 100 Jahre alt wirst. Schlaf hilft dem Körper zu regenerieren und Energie für den nächsten Tag zu sammeln.

F Was untersucht ein Flatuloge?
A Fürze. Flatulenz, oder Pupsen, ist gesund. Jeder pupst, um Gase loszuwerden, die beim Kauen und Verdauen von Essen entstehen. Ein Mensch furzt etwa 15 Mal am Tag. Das ist genug Gas, um einen Ballon zu füllen. Einen Luftballon natürlich, keinen Heißluftballon! Bis er platzt!

F Was ist ein Borborygmus?

A Das ist das knurrende Geräusch, das dein Magen macht, wenn du hungrig bist.

F Wer hat mehr Knochen im Körper, Erwachsene oder Kinder?

A Ein Erwachsener hat 206 Knochen, ein Kind aber komischerweise 300. Während es wächst, wachsen einige Knochen, darunter auch die Schädelknochen, zusammen.

F Wie viele Babys werden in der Zeit geboren, die du brauchst, um diese Frage zu lesen?

A Ungefähr 4 Babys werden jede Sekunde geboren. Angenommen das Lesen der Frage dauert 5 Sekunden – das macht 20 Babys!

F Wovon verliert dein Körper in jeder Minute 30.000?

A Hautzellen. Die Haut erneuert sich ständig. Neue Hautzellen gelangen an die Oberfläche und Schuppen abgestorbener Haut fallen ab.

F Wachsen Haare und Nägel auch nach dem Tod weiter?

A Nein, dieser Mythos wurde durch Gruselfilme mit langhaarigen Skeletten verbreitet. Beides wächst nur bei lebenden Menschen.

F Stell dir vor, dein Dünndarm wäre eine lange Spaghetti-Nudel. Wie lang wäre er?

A So lang wie 3 Erwachsene übereinander. Dein Dünndarm schlängelt sich durch deinen Bauch. Er nimmt die Nährstoffe aus dem Essen auf.

F Lassen sich Körperteile drucken?

A Ja, bald, und zwar mit 3D-Druckern. Um bei Operationen zu helfen, entwickeln Wissenschaftler Methoden, um Körperteile zu drucken, darunter Blutgefäße und Teile des Ohrs.

F Welcher Teil deines Körpers schwitzt am stärksten?

A Die Füße. Füße können stinken, wenn sich Schweiß mit Keimen, genannt Bakterien, mischt, die die Falten und Spalten deiner Füße lieben.

F Mit Zahnschmerzen wärst du im Mittelalter zu wem gegangen?

A Zum Schmied, der die verfaulten Zähne mit großen Zangen zog, die gewöhnlich für Tiere verwendet wurden.

F Ist Gähnen ansteckend?

A Darüber rätseln Wissenschaftler noch. Wenn jemand gähnt, fangen die Menschen rundherum auch oft zu gähnen an, man weiß aber nicht warum.

Ein Gähnen dauert etwa 6 Sekunden. Zähl mit, wenn du das nächste Mal gähnst.

F Besteht dein Körper eher aus Feststoffen oder Flüssigkeit?

A Unglaublicherweise besteht mehr als die Hälfte unseres Körpers aus Wasser – bis zu 60 %. Und unser Gehirn sogar zu 70 %.

F Du hast dich in der Wildnis verirrt. Kannst du länger ohne Essen oder ohne Wasser überleben?

A Du kannst nur etwa 3 Tage ohne Wasser überleben. Ohne Nahrung kommst du länger durch, würdest dich aber sehr schwach fühlen. Plane deine Abenteuer also gut.

F Was heilte eine Salbe aus Honig, menschlichem Gehirn und Tiermist?

A Ob es funktionierte, ist umstritten, aber im alten Ägypten behandelten Priester Augenprobleme mit diesem Gebräu.

F Welche magischen Maße gibt es in deinem Körper?

A Die Länge deiner ausgestreckten Arme entspricht ungefähr deiner Körpergröße. Du bist etwa so groß wie 8 Mal dein Kopf. Und ist dein Daumen so lang wie deine Nase? Bei den meisten Menschen ist das so.

F Wie oft würdest du im Laufe eines Lebens die Erde umrunden – 1 Mal, 2 Mal oder 4 Mal?

A Ungefähr 4 Mal.

F Wie viel Energie verbraucht dein Gehirn?

A Dir wird ein Licht aufgehen! Dein Gehirn braucht so viel Energie wie eine 10-Watt-Glühbirne. Würdest du die Runzeln deines Gehirns glätten, wäre es so groß wie ein Kissenbezug.

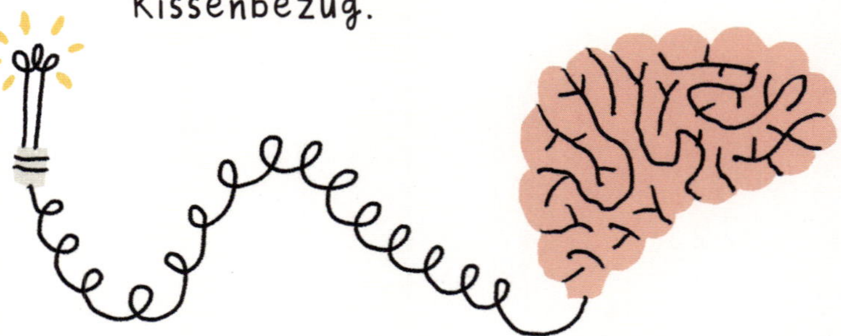

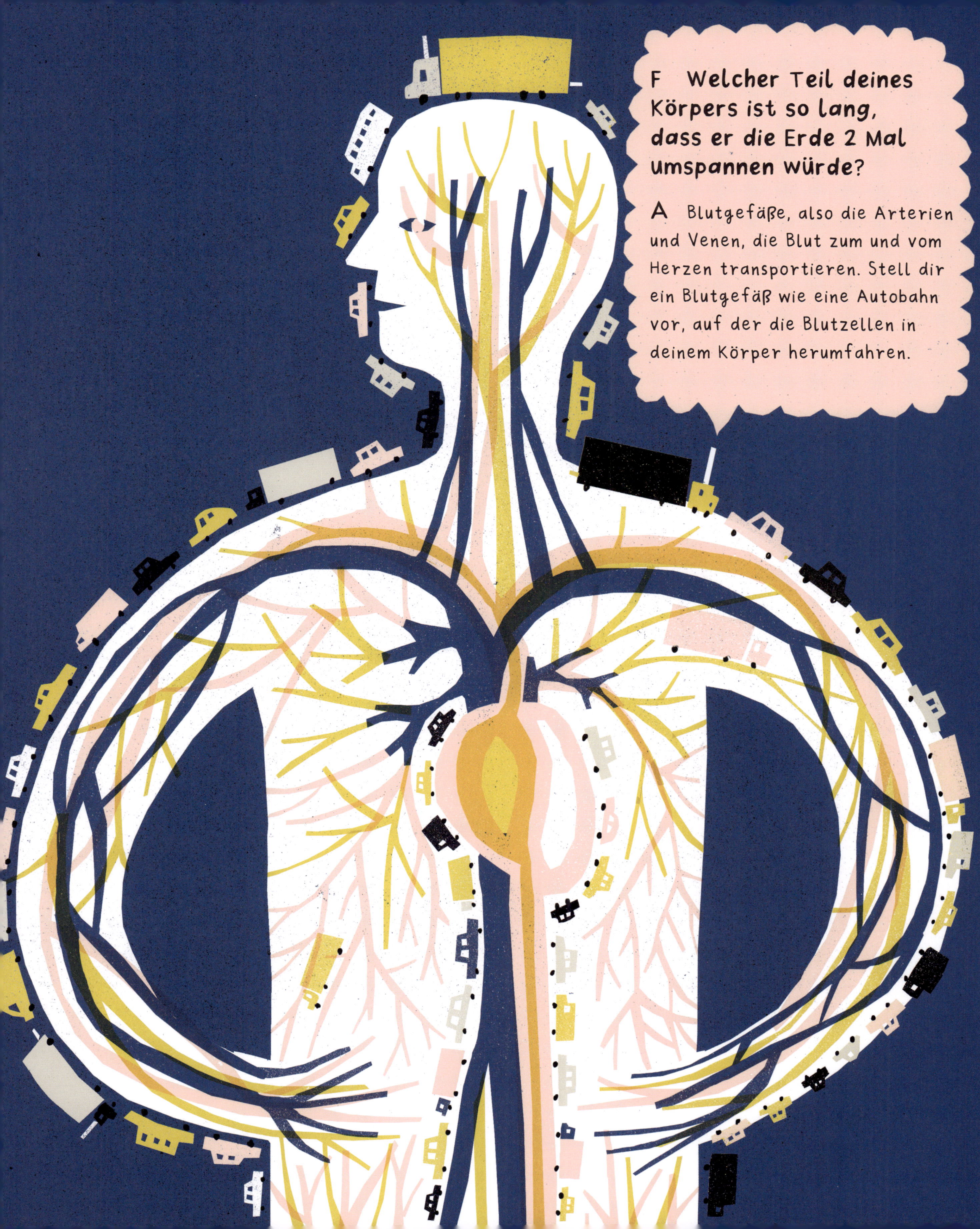
F Welcher Teil deines Körpers ist so lang, dass er die Erde 2 Mal umspannen würde?
A Blutgefäße, also die Arterien und Venen, die Blut zum und vom Herzen transportieren. Stell dir ein Blutgefäß wie eine Autobahn vor, auf der die Blutzellen in deinem Körper herumfahren.

WISSENSCHAFT & TECHNIK

F Was ist die größte Maschine auf der ganzen Welt?

A Der unterirdisch gebaute Große Hadronen-Speicherring in der Schweiz. Diese Maschine hat die Größe einer kleinen Stadt. Sie erzeugt ähnliche Bedingungen, wie sie im Universum zu Anbeginn der Zeit herrschten.

F Warum macht eine Peitsche ein knallendes Geräusch?

A Die Peitsche bewegt sich immer schneller, bis sie – KNALL! – die Schallmauer durchbricht. Das nennt man Überschallknall.

F Wer hat das Internet erfunden?

A Der britische Ingenieur Tim Berners-Lee hat das World Wide Web erfunden. Dieser Teil des Internets enthält die Websites.

F Wer war das Schaf Dolly?

A Dolly war das erste geklonte Schaf. Sie war absolut identisch mit einem anderen Schaf.

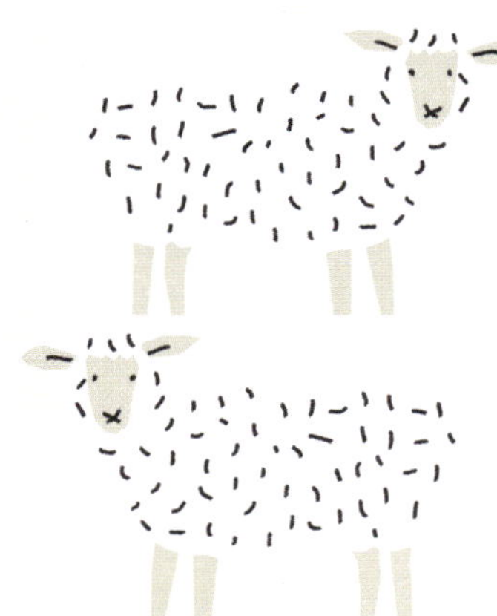

F Was haben Barthaare mit der Erfindung der Glühbirne zu tun?

A 1871, als der amerikanische Erfinder Thomas Edison an seiner Version der Glühbirne arbeitete, testete er verschiedene Materialien als Glühdraht. Er versuchte es mit Seide, Nähgarn und Barthaar.

F Welcher britische Wissenschaftler litt an Seekrankheit?

A Charles Darwin. Er verbrachte 5 üble Jahre an Bord des Schiffs HMS Beagle. Auf seiner Weltreise studierte er die Natur für sein Buch *Über die Entstehung der Arten*, das die Evolutionstheorie beschreibt.

F Was waren die ersten Worte im ersten Telefonat überhaupt?

A „Mister Watson, kommen Sie her – ich möchte Sie sehen." – Diese Worte sprach der schottische Erfinder Alexander Graham Bell im Jahr 1876 zu seinem Assistenten Watson. Was hättest du gesagt?

F Wie schnell ist der schnellste Rasenmäher?

A 240 km/h. Das ist fast doppelt so schnell wie ein Auto auf der Autobahn.

F Kann man Toast ent-toasten oder ein Ei ent-kochen?

A Nein. Kochen ändert die Struktur der Lebensmittel. Das lässt sich nicht rückgängig machen und nennt sich unumkehrbare Reaktion. Verbrannter Toast bleibt verbrannt.

F Welche Tiere fuhren im ersten Heißluftballon mit?

A Ein Schaf, ein Hahn und eine Ente. 1783 setzten die französischen Erfinderbrüder Montgolfier die Tiere in den Korb ihrer neuen Erfindung, einen Heißluftballon. Die erste Fahrt dauerte 8 Minuten.

F Wo kommt Erdöl her?

A Erdöl kommt tief aus der Erde, sogar noch unter dem Meer. Es besteht aus Resten uralter Meereslebewesen. Durch Druck und Hitze über Millionen von Jahren verwandelten sich diese in Erdöl.

F Warum ist Fragen stellen gut für dein Gehirn?

A Weil es die Anzahl an Verbindungen zwischen deinen Gehirnzellen erhöht und dein Gehirn aktiv hält.

F Können Autos durch Kokosnüsse angetrieben werden?

A Ja, und auch durch Weizen, Mais und sogar Meeresalgen. Viele Biotreibstoffe stammen aus Pflanzen. Sie sind eine Alternative zu Benzin, das den Planeten schädigt.

F Wie rettete eine Schale mit Schimmel Millionen Leben?

A 1928 bemerkte der schottische Forscher Alexander Fleming auf einer schmutzigen Laborschale einen Schimmel, der Bakterien tötete. Der heißt Penicillin und wird heute als Medizin eingesetzt.

F Warum solltest du dir selbst eine Krankheit verpassen?

A Wenn du geimpft wirst, bekommt dein Körper tote oder abgeschwächte Keime einer Krankheit. Dadurch baut dein Körper eine Resistenz auf und wird nicht krank.

F Wie erkennst du ein altes Ei?

A Leg es in ein Glas mit Wasser. Wenn ein Ei älter wird, dringt Luft ein und bildet ein Gas, das es schweben lässt. Sinkt das Ei, ist es frisch. Schwebt es, lass besser die Finger davon!

F Wie viele Menschen passen auf das längste Fahrrad der Welt?

A 35! Das Fahrrad ist ungefähr so lang wie 2 Busse. Die Radfahrer treten gemeinsam. Nicht wackeln, sonst fallen alle um.

F Wer zeichnete schon Jahrhunderte vor der Erfindung des Hubschraubers eine helikopterartige Maschine?

A Der italienische Künstler Leonardo da Vinci, der auch die *Mona Lisa* malte.

F Was ist leistungsstärker, ein Taschenrechner oder die Computer, die Apollo 11 starteten?

A Die Computer von *Apollo 11*, die 1969 auf dem Mond landete, waren weniger leistungsstark als ein heutiger Taschenrechner.

F Wird die Erde leichter?

A Ja. Jedes Jahr verschwinden etwa 99.208 Tonnen Gas aus der Erdatmosphäre in den Weltraum. Dies ist jedoch eine verhältnismäßig kleine Menge.

F Wo befindet sich der Großteil des Internets?

A Unterwasser. Es gibt Millionen Kilometer von Unterwasserkabeln, die die Ozeane durchziehen. Informationen, also Daten, springen in Millisekunden rund um die Welt.

F Was ist ein Weltraumlift?

A Das ist eine neue Idee, die Wissenschaftler entwickeln. Es ist ein Kabel, das von der Erdoberfläche in den Weltraum führt. Daran sollen Raumfahrzeuge hinauf und hinunter fahren können.

F Wie öffnest du eine Dose ohne Dosenöffner?

A Die Dose wurde interessanterweise fast 50 Jahre vor dem ersten Dosenöffner erfunden. Sehr merkwürdig. Davor öffnete man Dosen mit Hammer und Meißel.

F Wie viele Menschen benutzen das Internet?

A Mehr als 4,5 Milliarden. Es ist schwierig zu sagen, wie viele es tatsächlich sind, da es täglich mehr werden.

F Welcher berühmte Wissenschaftler fiel bei seinen Prüfungen durch und trug keine Socken?

A Der Physiker Albert Einstein. Er war ein Genie und veränderte die Art und Weise, wie wir Raum und Zeit verstehen. Socken hielt er für überflüssig.

F Die Gebrüder Wright aus den USA bauten das erste Flugzeug. Wie entschieden sie, wer zuerst fliegen durfte?

A Sie warfen eine Münze. Wilbur Wright gewann, doch nach dem Start machte das Flugzeug einen Sturzflug. Dann war Orville Wright dran und das Flugzeug blieb oben.

F Wie half geschmolzene Schokolade bei der Erfindung eines Ofens?

A Der Ingenieur Percy Spencer verfolgte Schiffe mithilfe von Signalen (Mikrowellen). Da bemerkte er, dass der Schokoriegel in seiner Tasche geschmolzen war. Ping! Er erkannte, dass Mikrowellen Essen aufwärmen konnten. Bald darauf wurde der Mikrowellenherd erfunden.

F Wer war Johannes Gutenberg und was hat er gemacht?

A Um 1440 erfand er die erste mechanische Druckerpresse und veränderte damit die Welt. Bücher mussten nun nicht mehr handschriftlich kopiert werden. Puh! Und Ideen ließen sich viel einfacher verbreiten.

F Welcher Wissenschaftler wollte niemandem die Hand schütteln?

A Der Biologe Louis Pasteur, da er nicht krank werden wollte. Pasteur hatte herausgefunden, wie sich die Verbreitung vieler Krankheiten durch Hitzebehandlung und Impfungen verhindern ließ.

F Was ist ein „BionicOpter"?

A Ein fliegender Roboter, der einer Libelle nachempfunden ist. Er kann in alle Richtungen fliegen und schweben wie eine echte Libelle.

F Wie viele Räder hatte das erste Auto?

A 3. Der deutsche Ingenieur Karl Benz baute 1886 einen 3-rädrigen „Motorwagen". Dieser gilt heute oft als das erste Auto.

F Was ist ein „Frankenburger"?

A Das ist ein Hamburger, den Wissenschaftler im Labor entwickelt haben. Das Fleisch wächst aus tierischen Zellen, zum Beispiel von einer Kuh. Die Kuh lebt aber weiter.

F In welchem Jahr wurde die erste E-Mail verschickt?

A 1971. Heute werden in 24 Stunden an die 300 Milliarden E-Mails verschickt.

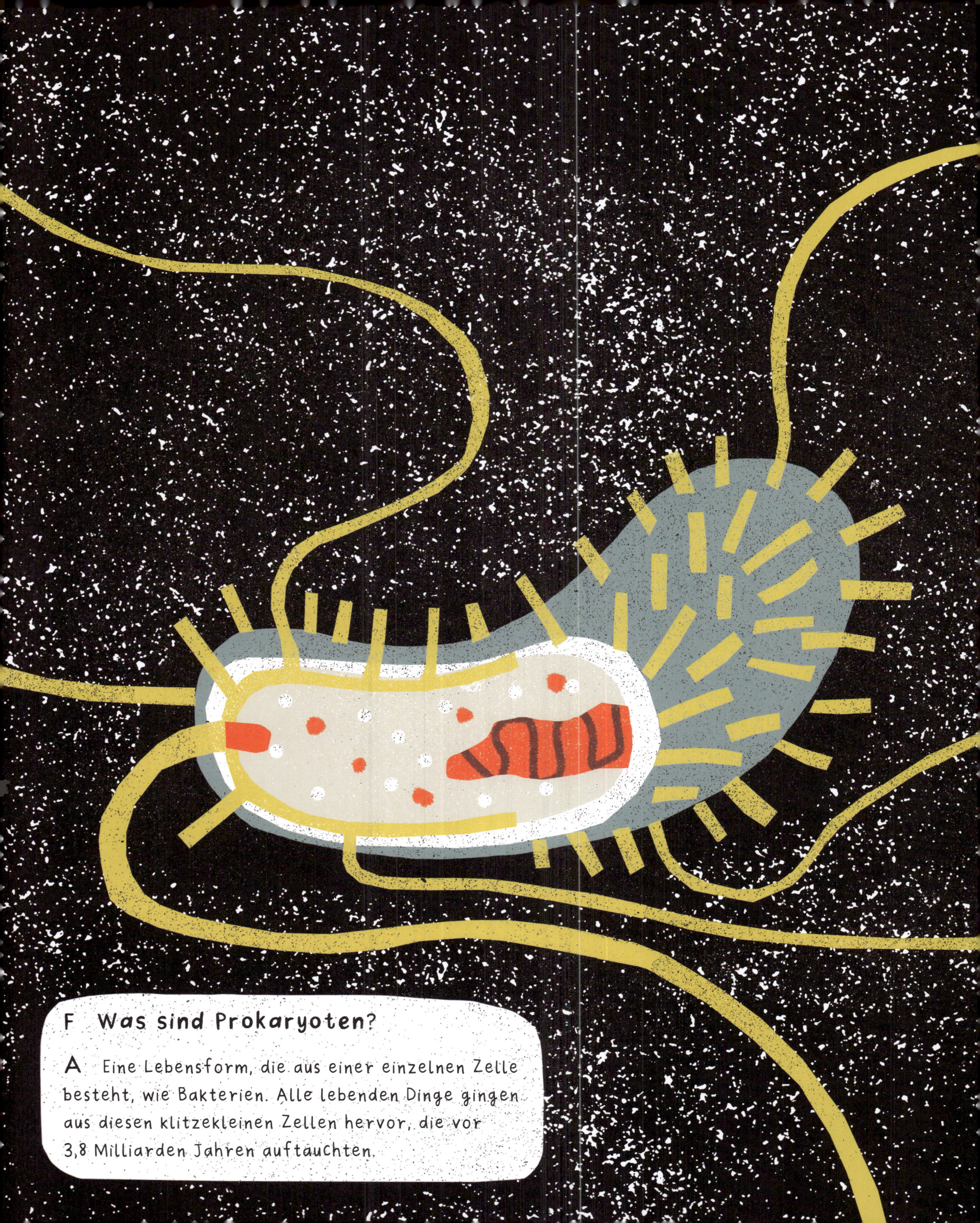

F Was sind Prokaryoten?

A Eine Lebensform, die aus einer einzelnen Zelle besteht, wie Bakterien. Alle lebenden Dinge gingen aus diesen klitzekleinen Zellen hervor, die vor 3,8 Milliarden Jahren auftauchten.

F Wer gewann als einziger Mensch einen Nobelpreis in 2 Wissenschaften?

A Die Chemikerin Marie Curie. Sie erhielt den Nobelpreis für Chemie und Physik, entdeckte Radium und Polonium, die Wirkungsweise radioaktiver Strahlung und half bei der Entwicklung von Röntgengeräten. Ein Genie!

F Werden Wissenschaftler jemals einen Tarnumhang erfinden?

A Vielleicht. Forscher prüfen, wie Licht durch ein Objekt durchgehen kann, statt reflektiert zu werden, damit es unsichtbar erscheint.

F Welches britische Mathematikgenie war als erster Computerprogrammierer bekannt?

A Ada Lovelace, die im 19. Jahrhundert lebte. Sie schrieb die Anleitung für einen Computer namens Analytical Engine, erfunden vom Mathematiker Charles Babbage.

F Was ist der Unterschied zwischen Computer-Hardware und Computer-Software?

A Die Hardware umfasst die berührbaren Teile des Computers wie die Tastatur oder die Maus. Die Software beinhaltet die Anweisungen, die dir helfen, etwas auf deinem Computer zu sehen oder zu tun, wie Dinge nachschauen oder Spiele spielen.

F Konnten Frauen in der Antike Ärztinnen sein?

A Ja. Viele der frühesten bekannten Ärzte waren Frauen. Eine alte Ägypterin namens Peseschet war vermutlich die leitende Ärztin am Hof des Pharaos.

F Was tat man, bevor es die Fernbedienung gab?

A Man stand auf, um den Sender am Fernsehgerät zu ändern. Als das Fernsehen in den 1920ern erfunden wurde, gab es nur ein paar Kanäle und die Bilder waren schwarz-weiß.

F Wer war Katherine Johnson?

A Eine afroamerikanische Mathematikerin, die den USA half, Menschen ins All und zum Mond zu schicken. Sie plante die Route für Raumschiffe in und aus dem Weltraum.

F Waren Computer schon immer Maschinen?

A Nein. Bevor es elektronische Computer gab, führten Teams – meist Frauen – die komplizierte Arbeit per Hand aus. Man nannte sie „menschliche Computer".

F Was ist stärker, Gravitation oder ein Kühlschrankmagnet?

A Ein Kühlschrankmagnet. Überraschenderweise ist die Schwerkraft, die alles in Richtung Erde zieht, weniger stark als ein Magnet.

F Wie weit ist ein Papierflieger je geflogen?

A Ungefähr 70 Meter. Das entspricht in etwa der Länge eines echten Passagierflugzeugs. Kannst du das schlagen?

F Wer lebte zeitlich näher zum T-Rex – Stegosaurus oder Mensch?

A Der Mensch! T-Rex und Stegosaurus lebten 85 Millionen Jahre voneinander getrennt. T-Rex und Mensch nur 65 Millionen Jahre.

F Wie stark ist die Seide eines Spinnennetzes?

A Superstark, weil sie leicht und dehnbar ist! Tatsächlich kann sie sogar kugelsicher sein.

F Ordne diese Geräusche nach dem leisesten: raschelndes Laub, Flüstern, Atmen.

A Lärm misst man in Dezibel (Db). Atmen ist am leisesten (10 Db). Dann raschelnde Blätter (20 Db). Dann Flüstern (30 Db). Pst!

F Wie lange dauert es, bis ein Plastikbecher verrottet oder sich auflöst?

A Etwa 450 Jahre. Einige Kunststoffe bestehen sogar ewig. Deshalb ist es wichtig, zu reduzieren, wiederzuverwenden und zu recyceln.

F Warum sterben Tiere aus?

A Arten sterben meist infolge von Klimawandel, Verlust des Lebensraums oder Konkurrenz um Nahrungsmittel aus. Durch den Menschen sterben heute mehr Tiere aus, als jemals zuvor in den vergangenen 60 Millionen Jahren.

F Welches Tier inspirierte das Design japanischer Hochgeschwindigkeitszüge?

A Der Eisvogel. Die Form seines langen, stromlinienförmigen Schnabels wurde kopiert, um die Züge noch schneller und leiser zu machen.

TIERE

F Welches Tier kackt in Würfeln?

A Der Wombat. Wissenschaftler glauben, dass seine Kacke durch Rillen in seinem Darm zu Würfeln geformt wird.

F Welche Lebewesen können 3 Jahre lang schlafen?

A Schnecken. Übrigens hat eine Gartenschnecke 14.000 Zähne auf der Zunge.

F Was hilft einer Seekuh beim Schwimmen im Wasser?

A Die Kraft des Pupsens! Eine Seekuh ist schwer und damit sie nicht sinkt, hat sie Furzgase speichernde Taschen im Darm. Mit deren Hilfe kann sie im Wasser schweben.

F Ist ein Eisbär weiß?

A Seine Haut ist schwarz und sein Fell ist eigentlich durchsichtig, nicht weiß.

F Welcher Vogel kann als einziger rückwärts fliegen?

A Der Kolibri.

F Macht ein Nilpferd rosa Milch?

A Nein. Aber es gibt eine rötliche Flüssigkeit ab, die seine Haut feucht hält und Sonnenbrand verhindert.

F Welcher Hai kann mehr als 270 Jahre alt werden?

A Der Grönlandhai. Als Wissenschaftler die Überreste eines dieser Tiere untersuchten, entdeckten sie, dass es zwischen 272 und 500 Jahren alt geworden war.

F Welches Tier kackt nur 1 Mal pro Woche?

A Das Faultier. Sein Kot ist außerdem riesig. Ein Haufen wiegt etwa 1 Kg – das ist so schwer wie eine ganze Ananas.

F Wer hat mehr Augen – Spinne oder Kammmuschel?

A Eine Spinne kann bis zu 12 Augen haben. Eine Kammmuschel bis zu 200.

F Was haben Kühe, Pferde und Giraffen gemeinsam?

A Sie alle schlafen im Stehen.

F Musst du dir Sorgen machen, wenn du Bananen riechst?

A Nur wenn afrikanisierte Honigbienen in der Nähe sind. Wenn diese Bienen sich zum Angriff rüsten, geben sie einen Alarmduftstoff ab, der nach Bananen riecht.

F Welche tierischen Geschwister fressen einander, bevor sie auf die Welt kommen?

A Tigerhaie! Ein trächtiges Weibchen kann bis zu 12 Babys im Bauch tragen. Diese fressen einander, bis nur noch die 2 Stärksten übrig sind.

F Was macht ein Schmetterling mit den Füßen?

A Schmecken! Mit Geschmackssensoren auf seinen Füßen kann er feststellen, ob ihm eine Pflanze gut schmeckt. Außerdem kann er mit seinen Fühlern riechen.

F Welche Säugetiere legen Eier?

A Schnabeltiere und Ameisenigel sind die einzigen eierlegenden Säugetiere weltweit.

F Wieviel Gift enthält ein Kugelfisch?

A Genug, um 30 Menschen damit zu töten. Ach du Schreck!

F Wie groß war der Kopf des Giganotosaurus?

A So groß wie ein Mensch. Dieser riesige Dinosaurier war 13 Meter lang und wog bis zu 11 Tonnen – das ist 5 Mal schwerer als ein Weißes Nashorn. Er starb vor 97 Millionen Jahren aus.

F Wer schläft mehr – Faultier, Menschenbaby oder Koala?

A Ein Koala, der bis zu 22 Stunden am Tag schläft. Ein Baby schläft etwa 16 Stunden und ein Faultier etwa 10 Stunden am Tag.

F Warum hebt ein Hund zum Pinkeln sein Bein?

A Damit sein Pipi nach oben spritzt und andere Tiere denken, dass hier ein größeres, stärkeres und eindrucksvolleres Tier seinen Duft hinterlassen hat.

F Wie groß waren Biber in der letzten Eiszeit?

A So groß wie große Bären es heute sind.

F Was haben Hunde, Frösche, Mäuse, Affen, Fruchtfliegen und Schildkröten gemeinsam?

A Sie alle waren im Weltraum!

F Welche Art von Bewegung nennt man einen „Binky"?

A Das ist der Sprung eines Kaninchens, wenn es sich dabei mitten in der Luft dreht und kickt. Das Kaninchen sagt damit: „Ich bin glücklich."

F Welches Tier hat tausende Zähne?

A Die Nacktschnecke. Zum Kauen benutzt sie ihre tausenden winzigen Zähne wie eine Raspel.

F Gibt es Einhörner?

A Leider nicht. Das magische Tier mit dem silbrigen Horn findest du nur in Geschichten.

F Wie nennt man eine Gruppe von Hyänen?

A Man bezeichnet sie als Clan. Eine Gruppe von Walen heißt übrigens Schule.

F Stimmt es, dass es regnen wird, wenn sich eine Kuh hinlegt?

A Nein, nicht wirklich. Aber einige Hunde spüren, wenn Sturm aufzieht. Sie schnüffeln und bellen dann mehr als gewöhnlich.

F Welches Tier isst seine eigene Kacke zum Frühstück?

A Das Wasserschwein. Morgens ist sein Kot voller Nährstoffe von all den Gräsern, die es am Tag davor gefressen hat.

F Welches Tier bringt fast immer identische Vierlinge zur Welt?

A Das Neunbinden-Gürteltier.

F Wie viele verschiedene Tierarten gibt es auf der Welt?

A Wissenschaftler glauben, dass es ungefähr 8,7 Millionen Tierarten gibt.

F Gibt es Tiere, die ewig leben?

A Ja, die Qualle *Turritopsis dhornii*. Sie stirbt zwar, aber während sie zerfällt, beginnt eine neue Qualle zu wachsen. Ihr Leben geht einfach immer weiter.

F Wie groß ist die Furzblase eines Blauwals?

A So groß, dass ein Pferd hineinpasst!

F Wer liefert sich zum Spaß Schneeballschlachten?

A Japanische Makaken. Auch andere Tiere spielen Spiele. Delfine wurden beim Ballspielen mit Kokosnüssen im Wasser beobachtet.

F Was kann ein erwachsener Elefant nicht tun?

A Springen. Sein massiger Körper hält ihn am Boden.

F Gibt es Tier-Papas, die Kinder auf die Welt bringen können?
A Ja, männliche Seepferdchen, Seenadeln und Große Fetzenfische.

F Wo befindet sich das Herz einer Garnele?

A Auf ihrem Kopf.

F Wie schlafen Fledermäuse?

A Kopfüber! So können sie leichter losfliegen. Sie lassen sich einfach von ihren Ästen fallen und flattern mit den Flügeln.

F Wonach riecht das Pipi eines Marderbären?

A Nach Popcorn! Nur damit du es weißt, dieses Tier ist weder ein Marder noch ein Bär. Es gehört zu den Schleichkatzen.

F Welches Tier hat die meisten Beine?

A Der Tausendfüßler *Illacme plenipes*. Er kann bis zu 750 Beine haben.

F Was kann ein Wickelbär mit seinen Füßen tun?

A Er kann sie nach hinten umdrehen und dann genauso schnell rückwärtslaufen wie vorwärts. Ein Wickelbär kann auch kopfüber einen Baum hinunterspazieren.

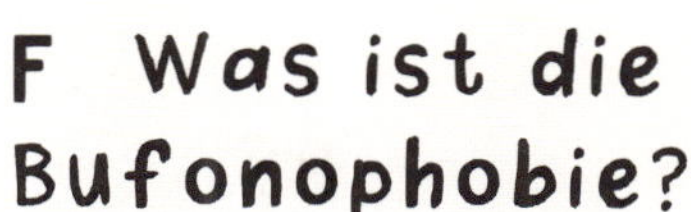

F Was ist die Bufonophobie?

A Die Angst vor Kröten. Nur zur Information, die Warzen einer Kröte sind nicht ansteckend.

F Was haben diese Tiere gemeinsam: Katzen, Krokodile, Paviane, Fische, Schlangen und Hunde?

A Aus ihnen allen machten die alten Ägypter Mumien.

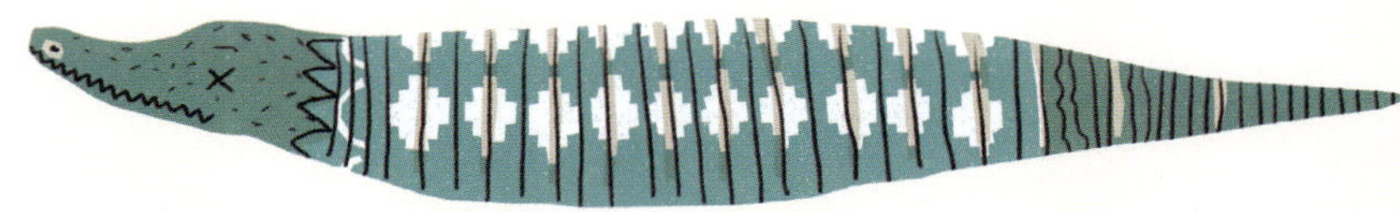

F Wieviel Zeit am Tag verbringt ein Panda mit Fressen?

A Er verbringt etwa 16 Stunden am Tag damit, auf Bambus herumzukauen.

F Wo lebten Wale vor 50 Millionen Jahren?

A An Land. Die Vorfahren der Wale hatten 4 Beine und lebten in der Nähe von Flüssen, wie ihre Überreste verraten.

F Wäre deine Zunge so lang wie die eines Froschs, wie weit würde sie reichen?

A Bis zu deinem Nabel.

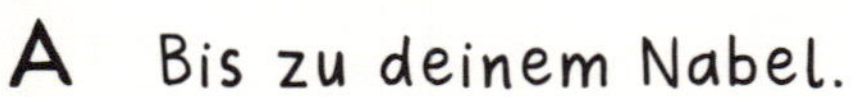

F Welches sind die einzigen Affen, die mit Worten sprechen?

A Menschen. Schimpansen und Gorillas benutzen Geräusche und Signale, nur Menschen haben ein komplexes Sprachsystem mit Worten.

F Welche Gruppe von Tieren hat die meisten Arten – Säugetiere, Vögel, Fische, Amphibien, Reptilien oder Wirbellose?

A Die Wirbellosen gewinnen. Wirbellose sind Tiere, die keine Wirbelsäule haben, wie Schnecken, Würmer und Quallen.

F Was passiert, wenn die Kakerlake ihren Kopf verliert?

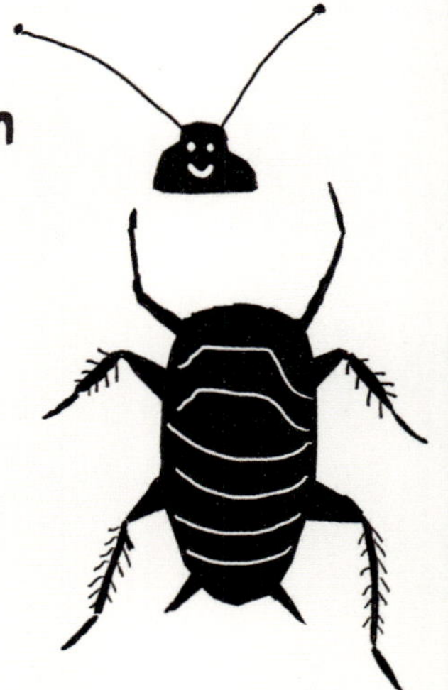

A Sie kann kopflos mehr als 1 Woche leben. Sie atmet mit dem Körper, in dem sie auch Mini-Gehirne hat.

F Blumen welcher Farbe ziehen Honigbienen am meisten an?

A Gelbe, blaue und violette.

F Warum sind Flamingos rosa?

A Weil sie rosa Algen und Garnelen fressen.

F Welches Tier ist das schnellste überhaupt?

A Der Wanderfalke. In vollem Sturzflug ist er 3 Mal schneller als ein Gepard.

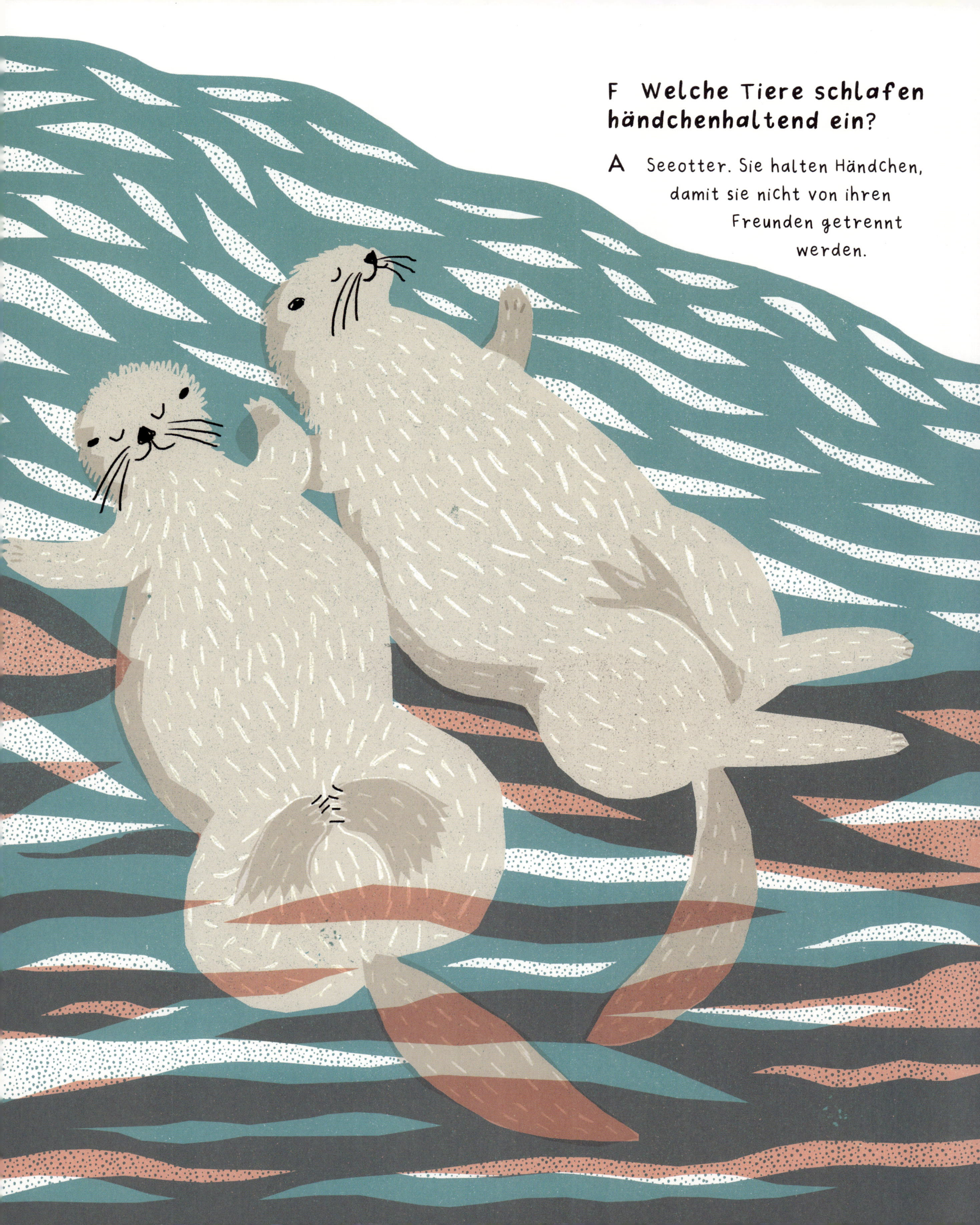

F Welche Tiere schlafen händchenhaltend ein?

A Seeotter. Sie halten Händchen, damit sie nicht von ihren Freunden getrennt werden.

NATUR

F Wo auf der Welt brechen die meisten Vulkane aus?

A Unter dem Meer! In einem Gebiet im Pazifischen Ozean, der Feuergürtel heißt.

F In welcher Stadt auf der Welt leben die meisten Menschen?

A In Tokio, Japan. Die Megastadt hat mehr als 37 Millionen Einwohner.

F Was ist eine Algenblüte?

A Das sind riesige Bereiche wirbelnder Farbe im Ozean aus gigantischen Mengen winziger Pflanzen und Tiere, dem Plankton. Die Algenblüte ist sogar aus dem Weltraum sichtbar.

F Wie schwer ist eine durchschnittliche Wolke?

A Ungefähr 550 Tonnen. Das ist so viel wie 80 afrikanische Buschelefanten!

F Wie viele Erdbeben finden jeden Tag rund um die Welt statt?

A 50. Von den meisten merken wir nichts.

F Wie viel Regenwald wird jede Sekunde abgeholzt?

A Eine Fläche so groß wie ein Fußballfeld.

F In welche Richtung fließt Wasser in einem Abfluss ab?

A Das hängt davon ab, wo du lebst! Auf der Nordhalbkugel im Uhrzeigersinn. Auf der Südhalbkugel anders herum. Auf dem Äquator gerade hinunter. Manche Wissenschaftler sagen, dass es in jede Richtung geht, egal wo du bist.

F Wie groß ist ein Regentropfen?

A Wetterexperten sagen, dass er zwischen 0,5 und 6 Millimeter Durchmesser hat.

F Was ist ein Schneegewitter?

A Das ist, wenn Gewitter und Schneesturm gleichzeitig stattfinden.

F Wie viele Holzbleistifte kann man aus einem Baum herstellen?

A Ungefähr 170.000.

F Welche ist die größte Wüste der Welt?

A Es ist keine heiße Sandwüste, sondern die Eiswüste in der Antarktis.

F Was machen Dendrochronologen?

A Das Alter von Bäumen erforschen. Dafür studieren sie die Jahresringe eines Baumstumpfs.

F Welche ist die größte Insel auf der Welt?

A Grönland. Es ist fast 10 Mal größer als Großbritannien.

F Welches Obst macht dich glücklich?

A Bananen. Wissenschaftler sagen, dass sie einen Stoff enthalten, der für gute Laune sorgt.

F Wie schnell oder langsam wächst ein Korallenriff?

A Bis zu 1,5 Zentimeter im Jahr – das ist ungefähr so lang wie deine kleine Zehe.

F Was ist ein Eishotel?

A Ein Hotel, das aus Eis gebaut ist. Diese Hotels gibt es in vielen bitterkalten Ländern wie Schweden und Finnland. Brrrrr!

F Wer fährt mit einem Heißluftballon zur Arbeit?

A Regenwaldexperten und -forscher. Sie fliegen über Bäume und sammeln von dort oben Informationen.

F Warum heißt das Tote Meer Totes Meer?

A Weil in dem extrem salzigen Wasser keine größeren Pflanzen oder Tiere leben können. Aber durch das ganze Salz schweben Schwimmer auf der Wasseroberfläche.

F Wie alt ist das Regenwasser, das vom Himmel fällt?

A Sogar älter als Dinosaurier! Auf der Erde wird das Wasser immer und immer wieder recycelt.

F Wofür hielten viele alte Völker Diamanten?

A Für Splitter abgestürzter Sterne.

F Was gibt es schon länger auf dem Planeten, Haie oder Bäume?

A Haie. Es gibt sie schon seit 450 Millionen Jahren, während es Bäume erst seit etwa 400 Millionen Jahren gibt.

F Was ist Brontophobie?

A Die Angst vor Donner und Blitz.

F Richtig oder falsch: Es gibt einen Baum, der höher ist als die Freiheitsstatue?

A Richtig.
Ein Mammutbaum, der in Kalifornien wächst, ist ungefähr 115 Meter hoch. Die Freiheitsstatue ist nur 93 Meter hoch.

F Was ist ein Mondregenbogen?

A Ein Regenbogen, der durch das Licht des Mondes entsteht. Er ist sehr selten.

F Ist die Erde hauptsächlich von Wasser oder Land bedeckt?

A 70 % unserer Erde sind von Wasser bedeckt.

F Welches ist der größte Samen auf der Welt?

A Der Samen der Seychellenpalme. Er kann so schwer sein wie ein 5-jähriges Kind.

F Ein Regenwaldbaum kann so hoch werden wie welches Stockwerk eines Wolkenkratzers?

A Das 20. Stockwerk. Ein Regenwaldbaum kann bis zu 90 Meter hoch werden.

F Welche Farbe hat Schnee?

A Er ist auf jeden Fall nicht weiß! Tatsächlich ist er farblos. Er reflektiert alle Farben, deshalb sieht er weiß aus.

F Wie heiß ist die Energie eines Blitzstrahls?

A Sie kann bis zu 33.300 Grad Celsius heiß sein. Das ist 5 Mal heißer als die Oberfläche der Sonne. Autsch!

F Welche Pflanze muss als Klo für Tiere herhalten?

A Die Kannenpflanze. Vögel fressen ihren Nektar, halten dann ihr Hinterteil über die glockenförmige Blüte und kacken hinein. Die Pflanze nutzt den Kot zum Wachsen.

Alle sind glücklich!

F Kannst du ein Ei auf einem heißen Gehweg braten?

A Manche versuchen es, aber Wissenschaftler meinen, dass der Gehweg dann schon für eine sehr lange Zeit brütend heiß sein müsste.

F Was ist in der Antarktis verboten?

A Hunde. Sie können Krankheiten einschleppen und wildlebende Tiere anstecken.

F Wie groß ist der Pazifik?

A Einfach riesig! Er nimmt mehr als 30 % der Erdoberfläche ein.

F Kann es Fische vom Himmel regnen?

A Ja, aber das passiert nicht sehr oft. Wenn eine Wirbelwindsäule oder Wasserhose über das Meer oder einen See geht, kann sie Fische aus dem Wasser in eine Wolke einsaugen. Die bewegt sich über den Himmel und lässt die Fische an einer anderen Stelle herunter regnen. Es kann auch Frösche oder Schlangen regnen.

F Welche Pflanze blüht nur 1 Mal im Jahrhundert?

A Die turmhohe Riesenbromelie. Sie blüht alle 80 bis 100 Jahre. Ganz schön lange Wartezeit!

F Wo auf der Welt regnet es nicht?

A An einigen Orten in der Atacama Wüste in Chile hat es seit mehr als 50 Jahren nicht geregnet.

F Wie viele Tiere der Erde leben in Regenwäldern?

A Etwa die Hälfte aller Tierarten weltweit lebt in Regenwäldern.

F Was passiert in etwa 5 Milliarden Jahren mit der Sonne?

A Forscher sagen, dass ihr die Energie ausgehen wird. Sie wird als gigantischer roter Stern alle Planeten im Umkreis schlucken.

F Wie oft blitzt es in diesem Augenblick auf der ganzen Welt?

A Jede Sekunde gibt es ungefähr 40 bis 50 Blitze. Das sind an die 1,4 Milliarden Blitze im Jahr.

F Warum wird 1816 als das „Jahr ohne Sommer" bezeichnet?

A Im Jahr zuvor war der Vulkan Tambora in Indonesien ausgebrochen. Große Staubwolken verdunkelten die Sonne und auf der ganzen Welt fielen die Temperaturen.

F Was ist ein „Growler"?

A Das ist ein kleiner Eisberg. Wenn er schmilzt, entweicht die eingeschlossene Luft und macht ein lustiges, brummendes Geräusch.

F Welcher Fluss ist der längste der Welt?

A Das ist der Nil in Ostafrika.

F Wie viele Jahreszeiten gibt es in der Antarktis?

A 2. Sommer und Winter.

F Der heißeste und der kälteste Ort auf der Erde?

A Die Wüste Lut im Iran ist der heißeste Ort, die Antarktis der kälteste.

F Was ist schneller, ein Tornado oder ein Hurrikan?

A Ein Tornado.

F Waren Möhren immer schon orange?

A Jahrtausende lang waren Möhren violett, gelb und weiß. Erst in den vergangenen 400 Jahren wurden sie orange gezüchtet.

F Wie schnell dreht sich die Erde?

A Die Erde dreht sich mit etwa 1600 km/h. Das ist so, als würde man vom Nordpol zum Südpol in weniger als 1 Stunde reisen.

F Wie viele Sandkörner gibt es in der Sahara?

A Man nimmt an, dass es ungefähr 1.504.000.000.000.000.000.000.000 Sandkörner gibt – das sind 1,5 Quadrillionen. Stell dir mal vor, du müsstest sie alle zählen!

F Welche Früchte haben ihre Samen außen?

A Erdbeeren, Himbeeren und Brombeeren.

F Sprechen Bäume miteinander?

A Wissenschaftler glauben, dass einige Bäume einander vor Gefahren warnen können. Wenn Giraffen zu viele Blätter von einem Akazienbaum fressen, dann gibt der Baum ein Gas ab, das andere Akazien in der Nähe warnt. Diese können dann ihre Blätter für Giraffen unangenehm schmecken lassen.

WELTRAUM

F Was ist eine Galaxie?

A Eine riesige Ansammlung von Planeten, Staub, Gas und Milliarden von Sternen. Unsere Galaxie heißt Milchstraße.

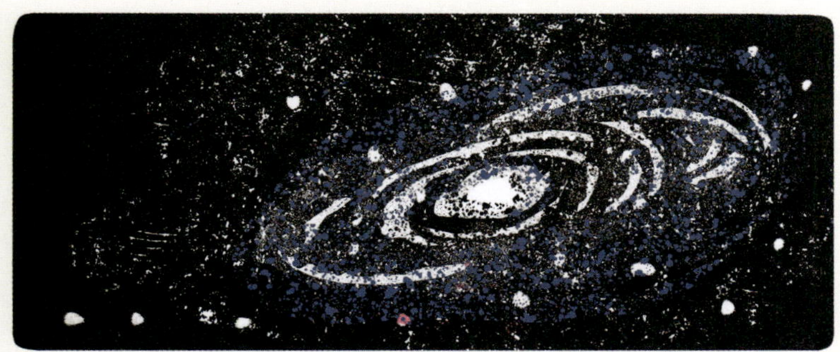

F Wie oft hättest du auf der Venus Geburtstag?

A Täglich! Die Venus hat den längsten Tag aller Planeten, er dauert tatsächlich länger als ein Jahr. Wärst du auf der Venus geboren, hättest du jeden Tag Geburtstag.

F Wie viele Erden würden in die Sonne passen?

A Mehr als 1 Million.

F Was ist die Internationale Raumstation (ISS)?

A Ein großes, die Erde umkreisendes Raumfahrzeug. Astronauten aus der ganzen Welt leben und arbeiten dort, wenn sie im All sind.

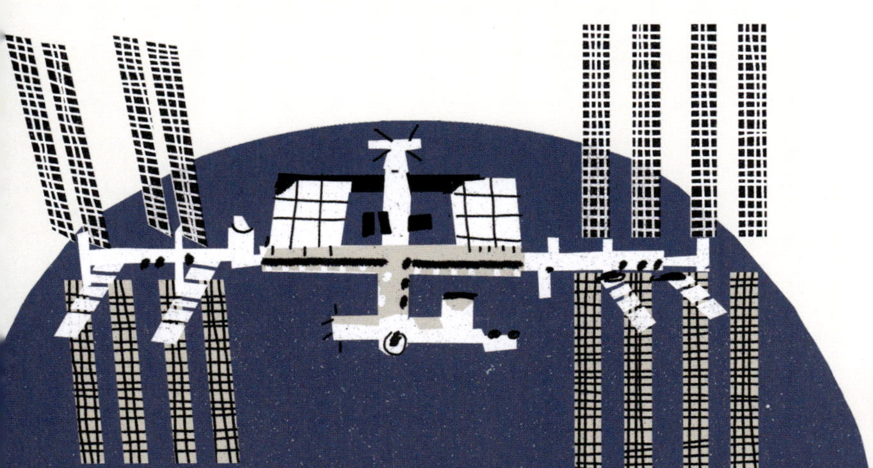

F Wo ist der Sonnenuntergang blau?

A Auf dem Mars sieht der Himmel rot aus, aber bei Sonnenuntergang lässt ihn der Staub in Sonnennähe blau erscheinen.

F Was genau ist ein Lichtjahr?

A Die Entfernung, die Licht in 1 Erdenjahr zurücklegt. Ein Lichtjahr entspricht rund 9,46 Billionen Kilometern.

F Auf welchem Planeten würden deine Füße den Boden nicht berühren?

A Auf Jupiter, Saturn, Uranus und Neptun, die keine feste Oberfläche haben. Man nennt sie auch Gasriesen. Sie bestehen hauptsächlich aus Gasen wie Wasserstoff und Helium.

F Was machen Astronauten mit ihrer Schmutzwäsche?

A Auf der ISS gibt es keine Waschmaschine, also wird Schmutzwäsche in Einweg-Raumschiffe verladen und in die Erdatmosphäre geschickt, wo sie verbrennt!

F Was ist der Unterschied zwischen der Welt und dem Universum?

A Die „Welt" bezieht sich auf die Erde. Das „Universum" umfasst ALLES, also alle Planeten, Monde, Sterne, Galaxien ...

F Ist es gefährlich, im Weltraum zu pupsen?

A Ein Pups setzt ein Gas namens Methan frei, das leicht Feuer fängt. Das war aber bisher kein Problem. Schlimmer ist, dass sich der Gestank viel länger nicht verzieht!

F Wie viele Sterne gibt es in der Milchstraße?

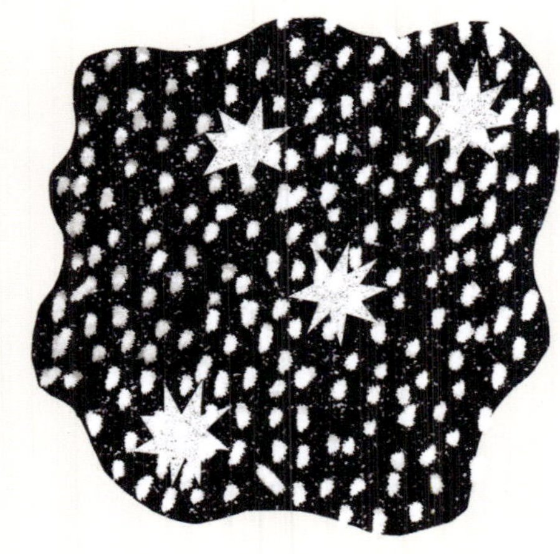

A In unserer Galaxie könnte es zwischen 100 und 400 Milliarden Sterne geben, sagen Wissenschaftler.

F Welche Sonderlieferung empfing die ISS im Jahr 2001?

A Eine kleine Salami-Pizza. Die erste Pizza, die jemals ins All geliefert wurde!

F Wonach riecht es im Weltraum?

A Astronauten sagen, es riecht nach gegrilltem Fleisch oder brennendem Metall.

F Wie lange braucht das Licht von der Sonne zur Erde?

A Ungefähr 8 Minuten und 20 Sekunden.

F Was passiert mit dem Astronautenpipi?

A Es wird recycelt. Ein Astronaut nimmt sein sauberes, gefiltertes Pipi irgendwann wieder als Trinkwasser.

F Wie alt ist das Universum?

A Ungefähr 13,7 Milliarden Jahre alt.

F Was ist das Sonnensystem?

A Unser Sonnensystem besteht aus der Sonne und allem, was sich rund um sie bewegt. Dazu gehören unsere Nachbarschaft aus 8 Planeten und Zwergplaneten wie Pluto, sowie Monde, Kometen, Asteroiden und andere kleine Objekte.

F In welche Richtung drehen sich die Planeten?

A Meist gegen den Uhrzeigersinn. Venus dreht sich im Uhrzeigersinn, wie auch Uranus, der aber fast ganz zur Seite gekippt ist.

F Knacken deine Ohren im Weltraum wie in einem Flugzeug?

A Nein. In modernen Raumschiffen ist der Druck konstant. Im Flugzeug verändert sich der Druck, weshalb deine Ohren knacken.

F Wie lange braucht eine Rakete von der Erde bis in den Weltraum?

A Weniger als 10 Minuten.

F Welches Objekt in unserem Sonnensystem ist am weitesten entfernt?

A Ein Zwergplanet namens Farout, der 2018 entdeckt wurde. Er ist so weit weg, dass er 1000 Jahre braucht, um 1 Mal um die Sonne zu wandern.

F Was ist Sagittarius A?

A Das ist ein schwarzes Loch in der Mitte unserer Galaxie, das mit seiner eigenen Anziehungskraft alles zu sich zieht.

F Was passiert mit der Kacke von Astronauten?

A Sie wird aus der ISS geschossen und verbrennt im All. Und tschüss!

F Was ist die Goldlöckchen-Zone?

A Der Bereich rund um einen Stern mit genau den richtigen Bedingungen für die Existenz von Leben – nicht zu heiß oder zu kalt wie der Haferbrei von Goldlöckchen.

F Welcher Planet hat Sturmwolken so groß wie die Erde?

A Der Neptun. Auf diesem Planeten herrschen die merkwürdigsten Wetterzustände. Es gibt Megastürme und heftige Winde.

F Wer flog in den Weltraum, ohne es seiner Familie zu sagen?

A Der russische Astronaut Juri Gagarin, der erste Mensch im Weltraum. Er wollte nicht, dass sich seine Frau Sorgen macht und sagte ihr nicht, wann er fliegen würde.

F Welche Nachbargalaxie sollte uns ein wenig Sorge bereiten?

A Die Andromeda-Galaxie. Sie wird in ein paar Milliarden Jahren vermutlich mit der Milchstraße zusammenstoßen. Rumms!

F Wenn du im Weltraum herumschwebst und ganz laut brüllst, machst du dabei ein Geräusch?

A Nö. Der Weltraum ist absolut still. Es gibt keine Luft, die Klangwellen tragen könnte. Wenn Astronauten ihre Raumschiffe verlassen, sprechen sie über Funkgeräte miteinander.

F Warum kann man sein Essen im Weltraum nicht mit Salz und Pfeffer bestreuen?

A Weil die Körnchen davonschweben würden. Astronauten nehmen Salz und Pfeffer in flüssiger Form.

F Welchen Sport übte ein Astronaut auf dem Mond aus?

A Golf. 1971 war der amerikanische Astronaut Alan Shepard der erste Mensch, der auf dem Mond einen Golfball abschlug.

F Wie ist das Universum entstanden?

A Das Universum ist nach einer massiven Hitzeexplosion entstanden, glauben Wissenschaftler. Diese Idee heißt „Urknall-Theorie".

F Welcher Planet hat den kürzesten Tag?

A Der Jupiter. Ein Tag dauert dort ungefähr 10 Stunden.

F Was müssen Astronauten tun, bevor sie schlafen gehen?

A Sich anschnallen!
Sie befestigen ihre Schlafsäcke an ihren Pritschen, damit sie im Schlaf nicht davon fliegen und irgendwo dran knallen.

F Was ist ein Kotzbomber?

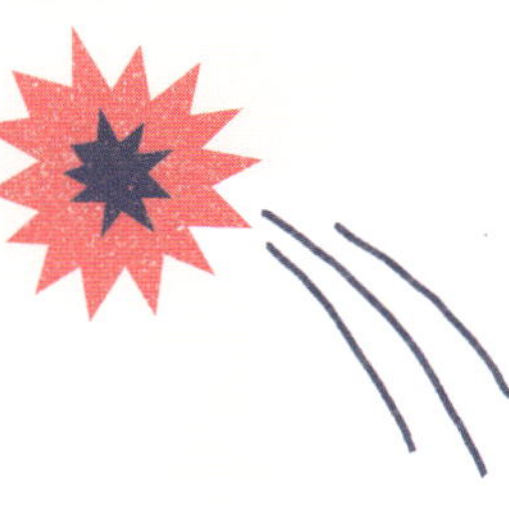

A Ein Trainingsflugzeug, das Astronauten auf die Schwerelosigkeit im Weltraum vorbereitet. Manchen wird dabei ziemlich schlecht.

F Was kann man auch vom Weltraum aus sehen – die Pyramiden von Gizeh, den Grand Canyon oder den Amazonas?

A Fangfrage – man kann alle 3 sehen!

F Kann man im Weltraum schwerere Dinge heben als auf der Erde?

A Ja. Auf der Erde zieht die Schwerkraft alles nach unten. Im Weltraum gibt es kaum Schwerkraft, also wiegen Dinge auch weniger.

F Woraus besteht die Sonne?

A Die Sonne ist ein riesiger Ball aus glühend heißen Gasen.

F Gibt es im Weltraum Vulkane?

A Ja. Der größte ist der Olympus Mons auf dem Mars. Er ist mehr als doppelt so hoch wie der Mount Everest.

F Was passiert mit Fußabdrücken auf dem Mond?

A Nichts. Auf dem Mond gibt es weder Wind noch Wasser, also sind die Fußabdrücke der ersten Astronauten, die auf ihm herumliefen, immer noch da!

F Wie lang ist ein Weltraumspaziergang?

A Wenn ein Astronaut sein Raumschiff verlässt und sich im Weltraum bewegt, dauert das bis zu 8 Stunden.

F Wo fängt der Weltraum an?

A Die Kármán-Linie ist eine erfundene Linie etwa 100 Kilometer über der Erde. Dort beginnt offiziell der Weltraum.

F Wer ist Walentina Tereschkowa?

A Eine russische Astronautin und die erste Frau im Weltraum.

F Gibt es Diamanten im Weltall?

A Ja! Tatsächlich glauben Wissenschaftler, dass die Oberfläche des Planeten 55 Cancri, der sich in einem anderen Sonnensystem befindet, aus Diamanten besteht.

F Welcher Astronom bekam ganz schöne Schwierigkeiten wegen seiner Ideen?

A Galileo Galilei. 1633 bekam er Hausarrest, als er behauptete, dass sich die Planeten um die Sonne bewegen. Heute wissen wir, dass er recht hatte!

F Warum sind Raumanzüge weiß?

A Weil Weiß Hitze reflektiert und die Astronauten darin kühl hält.

F Wo kannst du das Wolkenmeer finden?

A Auf dem Mond. Allerdings besteht es aus 3 Milliarden Jahre alter, verfestigter Lava, wie man gehärtetes Gestein aus einem Vulkan nennt.

F Wie lange fliegt man bis zum Saturn?

A Raumschiffe brauchen von der Erde etwa 3 bis 7 Jahre bis zum Saturn, der fast 1200 Millionen Kilometer entfernt ist.

F Wie viele Sonnenauf- und untergänge sieht ein Astronaut von der ISS aus am Tag?

A Die ISS umkreist die Erde alle 90 Minuten. Das sind 16 Sonnenaufgänge und 16 Sonnenuntergänge jeden Tag.

F Wie kratzt du dir im Astronautenhelm an der Nase?

A Am Helm gibt es eine spezielle Stelle, um juckende Nasen zu kratzen.

F Wer waren Belka und Strelka?

A 2 Hunde, die zu den ersten Tieren gehörten, die in den Weltraum geschickt wurden. Am 19. August 1960 verbrachten die beiden einen Tag im Weltraum und kehrten sicher wieder auf die Erde zurück.

VERBLÜFFENDE FAKTEN

F **Was ist ein Googolplex?**

A Das ist eine riesige Zahl, für die 10 immer wieder mit sich selbst multipliziert wird. Man kann sie nicht mal aufschreiben.

F **Was passiert mit deinem Gehirn, kurz bevor du ein Problem löst?**

A Forscher sagen, dass es „blinzelt". Es schaltet seinen visuellen Teil kurz aus, damit du dich besser konzentrieren kannst. Auch wenn du deine Augen schließt, kannst du besser denken, und schon – Aha! – hast du die Antwort.

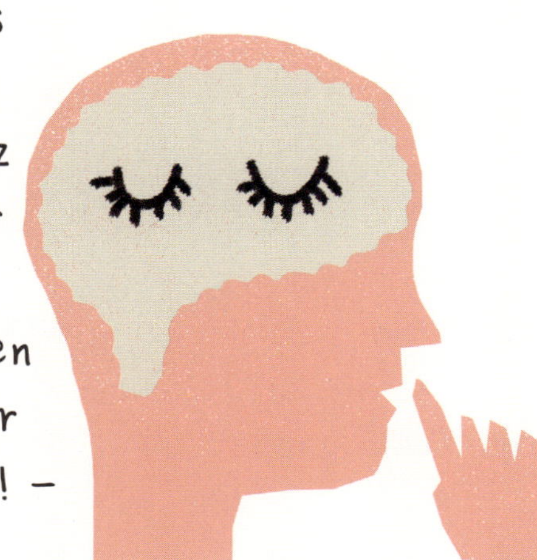

F **Welche Summe ergeben die entgegengesetzten Seiten eines Würfels immer?**

A 7. Zähl doch mal nach.

F **Was ist die meistgenannte Lieblingsfarbe der Welt?**

A Umfragen zufolge ist das eine bläulich-grüne Farbe. Was ist deine Lieblingsfarbe?

F **Wer hat die Null erfunden?**

A Im Jahr 628 war ein indischer Astronom namens Brahmagupta der Erste, der ein Symbol erfand, das „Shunya" hieß, was so viel wie „leer" bedeutet. Dieses Symbol eröffnete ganz neue Möglichkeiten in der Mathematik.

F **Was ist eine Elle?**

A Eine alte Maßeinheit, die auf der Länge eines Armes vom Ellbogen bis zur Spitze des Mittelfingers beruht.

F **Gibt es dich auf der Welt ein zweites Mal?**

A Nein, du bist absolut einmalig. Es könnte jedoch einen Doppelgänger geben, der genauso aussieht wie du.

F **Wie lauten die Farben des Regenbogens von oben nach unten?**

A Rot, Orange, Gelb, Grün, Hellblau, Dunkelblau, Violett.

F Warum war der 8. August 2008 ein besonderer Tag?

A In China ist die 8 eine Glückszahl, also galt das Datum 8.8.2008 als besonders Glück bringend. Tausende Paare haben geheiratet, viele mit 8 Brautjungfern und köstlichen 8-gängigen Menüs.

F Wenn dich jemand um eine Zeptosekunde deiner Zeit bittet, wie lang wäre das?

A Ein Billionstel einer Milliardstel Sekunde.

F Wo und was ist die untere Schläfenwindung?

A Der Teil deines Gehirns, der sich Zahlen merkt. Er befindet sich hinter deinen Ohren.

F Kleine Scherzfrage: Was ist so groß wie ein Elefant, wiegt aber nichts?

A Der Schatten eines Elefanten!

F Was ist ein Mathe-Athlet?

A Ein Athlet der Mathematik, der in Mathematikwettbewerben antritt und mathematische Probleme superschnell löst, ganz ohne Taschenrechner, Stift oder Papier.

F Sind Zeitreisen möglich?

A In Filmen schon. Im echten Leben sind wir nicht ganz so sicher. Wissenschaftler arbeiten an einer Idee namens Wurmloch, in dem Raum und Zeit sich zusammenfalten, damit Menschen durch die Zeit reisen können.

F Was ist das Bermuda-Dreieck?

A Ein Teil des Atlantischen Ozeans, in dem Flugzeuge und Schiffe auf rätselhafte Weise verschwinden, wie einige Menschen glauben. Andere denken, dass das Verschwinden logische Gründe hat, wie schlechtes Wetter oder menschliches Versagen.

F Wie viel vom Ozean haben wir erforscht?

A Nur 5 %! Ungefähr 95 % sind immer noch unerforscht.

F Warum hisst man eine weiße Flagge, wenn man sich ergibt?

A Früher war weißer Stoff am einfachsten zu finden, zum Beispiel Taschentücher. Außerdem war Weiß nicht so leicht mit der bunten Flagge einer Armee zu verwechseln.

F Wie halfen sich die Inkas beim Rechnen?

A Sie knüpften verschieden große Knoten in verschiedenfarbige Fäden zu einem sogenannten „Quipu". Die Knoten und Farben standen für unterschiedliche Zahlen. Sie halfen den Inkas beim Zählen und Addieren.

F Welche Farbe macht dich hungrig?

A Laut Wissenschaftlern machen Rot und Gelb hungrig. Deshalb werden viele Lebensmittel rot und gelb verpackt.

F Wie viele Nullen hat eine Millinillion?

A Unglaubliche 3003 Nullen.

F Was ist ein Polygon?

A Eine flache, also zweidimensionale Form, die aus mindestens 3 geraden Linien besteht wie ein Dreieck oder ein Rechteck.

F Warum sind manche Unterseeboote gelb?

A Weil Gelb auch tief unter Wasser gut zu sehen ist, sodass das U-Boot von anderen Schiffen leichter erkannt wird. Meist sind die U-Boote von Forschern gelb.

F Was ist die Spaghettisierung?

A Das passiert, wenn die Anziehungskraft eines Schwarzen Lochs so stark ist, dass sie ein Objekt in eine superlange Nudelform zieht.

F Was ist Triskaidekaphobie?

A Das ist die Angst vor der Zahl 13. Auf der ganzen Welt glauben viele Menschen, dass die 13 eine Unglückszahl ist, außer in China, wo sie als Glücksbringer gilt.

F Welche Farbe hat das Blut eines Oktopus?

A Blau. In seinem Blut ist Kupfer. Das Blut von Menschen ist rot, weil es Eisen enthält.

F Weshalb treten unsere Augen hervor, wenn wir Angst haben?

A Unsere Augen weiten sich und unsere Pupillen werden größer, wenn wir Angst haben, damit wir besser sehen, was vor sich geht. Das geschieht auch, wenn wir überrascht sind.

F Welcher Geist galoppiert herum und sucht seinen Kopf?

A Der kopflose Reiter. Seit dem Mittelalter gibt es Geschichten über diesen Geist, der auf der Suche nach seinem fehlenden Kopf die Menschen erschreckt.

F Welche Zahl ist gemeint, wenn man die Hände auf den Kopf legt?

A Im Mittelalter hieß das 1 Million. Heutzutage glauben die Leute wahrscheinlich, du streckst dich bloß!

F Zeit für Denksport: Was reist um die Welt, bleibt jedoch immer in einer Ecke kleben?

A Eine Briefmarke auf einem Brief.

F Was ist größer: eine Billion oder eine Quadrilliarde?

A Eine Quadrilliarde. Die hat nämlich 27 Nullen, eine Billion nur 12.

F Welche Fußballer treffen am wahrscheinlichsten?

A Statistiker, die Zahlen untersuchen, meinen, dass Spieler, die schneller und länger sprinten können, öfter treffen.

F Welche Farbe hat Königin Elizabeth I. von England verboten?

A Purpurrot. Nur sie selbst und Mitglieder ihrer Familie durften diese Farbe tragen. Allen anderen war sie verboten.

F Wie bestimmten die alten Ägypter die Zeit?

A Sie erfanden eine Sonnenuhr. Der steinerne Stab warf einen Schatten und zeigte so an, wie die Zeit verging. Sie waren auch die Ersten, die den Tag in 24 Stunden aufteilten.

F Wie misst man die Größe eines Pferdes?

A In Händen. Früher legten Bauern ihre Hände übereinander, um die Größe eines Pferdes zu messen. Heute entspricht eine Hand ungefähr 10 Zentimetern.

F Wie viele Farben kannst du sehen?

A Jeder ist anders, aber durchschnittlich kann ein Mensch 10 Millionen Farben sehen.

F Wie viele Minuten hat ein Jahr?

A 526.600. In einem Schaltjahr sind es 527.040.

F Kennen wir die Antworten auf alle mathematischen Probleme?

A Nein, es gibt immer noch eine Menge Mathematikrätsel. Darunter auch die 6 Millennium-Probleme – wer auch nur eines davon löst, erhält 1 Million Dollar Preisgeld!

F Wie viele Erdnüsse sind in einem Glas Erdnussbutter?

A Ungefähr 540 Erdnüsse. Übrigens enthält Erdnussbutter keine Butter. Es handelt sich vielmehr um pürierte Erdnüsse mit ein paar anderen Zutaten wie Zucker und Salz.

F Was ist die längste Zeitspanne?

A Ein Super-Äon ist eine unmöglich messbare Zeitspanne ohne Ende.

F In welchem Jahrhundert leben wir?

A Kommt drauf an. Nach dem Gregorianischen Kalender sind wir im 21. Jahrhundert. Nach dem Chinesischen Kalender im 48. Jahrhundert.

F In einem Raum mit 23 Menschen haben wie viele möglicherweise am selben Tag Geburtstag?

A Mit 50%iger Wahrscheinlichkeit haben 2 denselben Geburtstag. Hipp-Hipp-Hurra!

F Aus welchen 7 Buchstaben bestehen alle römischen Zahlen?

A I, V, X, L, C, D und M.

F Was geht weiter und weiter und hört niemals auf?

A Die Unendlichkeit. In der Mathematik wird sie durch das Symbol ∞ angezeigt, da seine Form immer weiter und weiter geht.

F Wie wachten die Menschen auf, bevor es Wecker gab?

A Im 19. Jahrhundert bezahlte man in Großbritannien einen sogenannten Aufwecker, damit er laut an das Schlafzimmerfenster klopfte. Dafür benutzte er lange Stöcke oder Blasrohre mit Erbsen. Raus aus den Federn!

F Was ist mathematisch betrachtet magisch an der Zahl 9?

A Zuerst multiplizierst du eine Zahl mit 9. Dann addierst du die Ziffern des Ergebnisses. Die Summe ergibt immer 9. Probier es aus: 2 x 9 = 18. 1 + 8 = 9.

F Was passiert, wenn ein Stier rot sieht?

A Das Gleiche wie bei anderen Farben. Dass er wild wird, wenn du mit einem roten Tuch wedelst, ist ein Mythos.

F Wie viele Sekunden dauert ein Leben so ungefähr?

A Angenommen, du wirst 99 Jahre alt, dann lebst du 3.122.064.000 Sekunden.

F Kann man die Vergangenheit sehen?

A Ja – wenn du in den Nachthimmel schaust. Licht braucht so lange, um durch den Weltraum zu reisen, dass das Sternenlicht, das wir sehen, alt ist – wir sehen die Zeit, als das Licht seine Reise begann und nicht, wie es jetzt aussieht.

F Zeit zum Rätseln! Was wird nass, wenn es trocknet?

A Ein Handtuch.

F Was geschah an Bord der Mary Celeste?

A Das weiß niemand. 1872 fand man das Schiff weitab seines Kurses schwimmend, voll beladen mit Vorräten. Nur Kapitän und Besatzung waren spurlos verschwunden.

GESCHICHTE

F Wann genau beginnt die Geschichte?

A Das ist nicht so einfach. Das Universum entstand vor etwa 13,7 Milliarden Jahren. Das Leben auf der Erde begann vor etwa 3,8 Milliarden Jahren. Und die Menschen entstanden vor 300.000 bis 200.000 Jahren.

F Was gab es bei einer römischen Dinnerparty zu essen?

A Zum Beispiel Flamingozungen, Pfauenbraten und Haselmaus mit Honig und Mohnsamen. Reiche Römer lagen dabei auf Betten und aßen mit der rechten Hand.

F Was war der Schwarze Tod?

A Eine tödliche Seuche, die im 14. Jahrhundert Asien und Europa heimsuchte. Sie wurde von Rattenflöhen übertragen und tötete Millionen von Menschen

F Wer war Alan Turing?

A Ein britischer Mathematiker. Im Zweiten Weltkrieg half er, die Nazis zu besiegen, indem er ihre geheimen Codes knackte.

F Wie unterschieden sich die ersten Olympischen Spiele von unseren heutigen Spielen?

A Alle Teilnehmer waren nackt! Die Spiele fanden in Athen, Griechenland, zu Ehren des Gottes Zeus statt. Wettkämpfe gab es unter anderem in Laufen und Wagenrennen.

F Welcher König hatte die kürzeste Regierungszeit überhaupt?

A Louis Antoine von Frankreich. Im Jahr 1830 regierte er nur 20 Minuten, ehe er entschied, dass das nichts für ihn war.

F Wozu brauchte der erste amerikanische Präsident George Washington Nilpferdhauer?

A Für seine Zähne! Daraus machte man seinen Zahnersatz.

F Was machten die alten Ägypter in ihrer Freizeit?

A Sie spielten Brettspiele! Ein beliebtes Spiel hieß Senet. Einige Ägypter wurden sogar mit Senet-Spielbrettern bestattet.

F Wie stellte der „erste" Arzt der griechischen Antike bei seinen Patienten eine Diagnose?

A Heute ist Hippokrates als „Vater der Medizin" bekannt. Um herauszufinden, was seinen Patienten fehlte, kostete er ihr Pipi, ihr Ohrenschmalz und ihre Popel.

F Wie schaffte es der Pirat Blackbeard, furchteinflößend auszusehen?

A Mit Feuer! Für sein teuflisches Image steckte er sich brennende Streichhölzer unter den Hut und flammende Kerzen in den Bart.

F Wie schwer war eine Ritterrüstung im Mittelalter?

A Ungefähr so schwer wie ein 7 Jahre altes Kind. Wenn ein Ritter stolperte, kam er kaum mehr hoch.

F Was machten britische Soldaten im Ersten Weltkrieg mit ihren Stiefeln?

A Hineinpinkeln! Die Stiefel waren aus hartem Leder und die Soldaten bekamen oft Blasen. Um das Innere weicher zu machen, weichten sie die Stiefel über Nacht in Pipi ein.

F Wie schützte eine Wendeltreppe eine mittelalterliche Burg?

A Burgtreppen waren eng spiralförmig mit unebenen Stufen. Rannten Angreifer hinauf, blieb ihnen kaum Platz zum Schwertkampf und auf den wackeligen Stufen stolperten sie oft.

F Welcher Herrscher war verrückt nach heißer Schokolade?

A Aztekenherrscher Montezuma II. trank täglich 50 Tassen davon.

F Wer lief den ersten Marathon?

A Der Legende zufolge rannte in der griechischen Antike ein Bote von der Stadt Marathon bis nach Athen, um die Nachricht eines Sieges zu überbringen. Die Entfernung von etwa 42 Kilometern entspricht der Länge eines heutigen Rennens.

F Wer war der reichste Mann aller Zeiten?

A Mansa Musa, ein westafrikanischer König des 14. Jahrhunderts. Sein Reich besaß fast die Hälfte allen Goldes der Welt.

F Wer stieg in einen Bus, setzte sich und veränderte damit die Geschichte?

A Die afroamerikanische Bürgerrechtsaktivistin Rosa Parks. Am 1.12.1955 brach sie das Gesetz, da sie sich weigerte, ihren Sitzplatz für einen weißen Fahrgast freizumachen. Nach Protesten der Unterstützung wurde das Gesetz schließlich geändert.

F Wie viele Sprachen sprach Kleopatra, die letzte Herrscherin des alten Ägypten?

A Experten glauben, zwischen 7 und 10, darunter Ägyptisch, Griechisch und Arabisch. Wow, wie beeindruckend!

F Wer hat geheime Nachrichten mit dem Essen überbracht?

A Ninjas. Im 16. Jahrhundert schickten diese perfekt ausgebildeten japanischen Spione einander Botschaften in Reisgerichten. Alle Farben und Muster im Reis hatten eine geheime Bedeutung.

F Wer hat Truthähne angebetet?

A Die Maya. Sie glaubten, diese Vögel hätten göttliche Eigenschaften.

F Welcher Präsident verbrachte 27 Jahre im Gefängnis?

A Nelson Mandela. Er wurde später der erste schwarze Präsident von Südafrika. Er war ein Bürgerrechtsheld, der ein neues Land zu erschaffen half, in dem schwarze und weiße Menschen dieselben Rechte haben.

F Welchen Job wollte ein römischer Kaiser seinem Pferd geben?

A Kaiser Caligula liebte sein Pferd Incitatus. Er wollte es zum Konsul machen – eine Stelle, die nur für Menschen war!

F Woraus bestanden die ersten Zahnbürsten?

A Schweinehaar und Bambus. In China zupfte man im 15. Jahrhundert Borsten von Schweinen oder Wildschweinen und befestigte sie an Griffen. Sehr stachelig!

F Wie behandelte man in der Antike Kopfschmerzen?

A Eine Behandlung nannte sich „Trepanation". Dem Patienten wurde ein Loch in den Schädel gebohrt, damit die Ursache der Schmerzen entwich.

F Was benutzten die alten Römer als Mundspülung?

A Ihr Pipi! Sie glaubten, dass ihre Zähne dadurch weißer würden.

F **Was in aller Welt tat der „Groom of the Stool"?**

A Er hatte die furchtbare Aufgabe, König Heinrich VIII. den Po abzuwischen, nachdem dieser auf der Toilette war!

F **Warum trugen Piraten Augenklappen?**

A Um im Dunkeln zu sehen! Statt fehlende Augen zu verdecken, trugen einige Piraten Augenklappen, um sich von greller Sonne rascher an die Dunkelheit unter Deck zu gewöhnen, denken Experten.

F **Welche Armee trug Rüstungen aus Papier?**

A Die alten Chinesen. Die gehärteten Schichten der Papierrüstung waren fast so stark wie Metall. Das Problem war … sie funktionierte nicht mehr, wenn sie nass wurde.

F **Wer huldigte dem Gott des Skifahrens?**

A Die Wikinger. Der Gott Ullr war ein begnadeter Skifahrer. Einer Legende zufolge schuf er das Nordlicht mit Schneepritzern seiner Skier.

F **Wie viele Pfeile konnte ein mittelalterlicher Bogenschütze in der Minute abfeuern?**

A Ungefähr 12.

F **Welches war das erste Land, das Frauen das Wahlrecht verlieh?**

A Neuseeland. Frauen können dort seit 1893 wählen.

F **Welcher König brachte hochhackige Schuhe in Mode?**

A Ludwig XIV. von Frankreich. Er trug hohe Schuhe mit rotem Absatz.

F **Welcher amerikanische Präsident hatte angeblich einen Alligator als Haustier im Weißen Haus?**

A John Quincy Adams.

F **Welche russische Kaiserin heuerte eine Horde Katzen an?**

A Zarin Elisabeth. 1745 hatte sie genug von all den Mäusen im Winterpalast und orderte eine ganze Meute Katzen, die diese fressen sollten. Auch heute machen noch etwa 50 Katzen ihre Runde im Palast.

F Was bedeutete „Daumen hoch" für einen Gladiator im antiken Rom?

A Das weiß man nicht! Das Publikum konnte mit dem Daumen entscheiden, ob ein Gladiator leben oder sterben sollte. Aber es ist nicht klar, welches Handzeichen was bedeutete.

F Wieso war ein viktorianisches Kleid echt gefährlich?

A Der ausladende Rock konnte sich in einer Kutsche verfangen. Der Stoff fing außerdem leicht Feuer, besonders in Kaminnähe. Und einige Kleider waren mit Arsen gefärbt, einem tödlichen Gift.

F Welche Krieger färbten ihre Haare gern blond?

A Wikinger. Die Männer wuschen ihre Haare und Bärte mit einer Seife aus Lauge, einer Art Bleichmittel. Die wirksame Seife brachte womöglich auch gleich ihre Kopfläuse um.

F Wo liegt New Amsterdam?

A Fangfrage! New Amsterdam ist der alte Name von New York. 1664 brachten die Briten die Stadt unter ihre Kontrolle und benannten sie in New York um.

F Wie rettete Khawlah bint al-Azwar ihren Bruder?

A Im 7. Jahrhundert verkleidete sich die muslimische Soldatin als Ritter. Sie galoppierte mutig in die Schlacht, um ihren Bruder vor einem grausamen Feind zu retten.

F Was haben Parmesan, Muscheln und Walzähne gemeinsam?

A Man hat alle früher als Geld benutzt – den Käse in Italien, die Muscheln auf der ganzen Welt und die Walzähne auf Fidschi.

F Welche außergewöhnliche Waffe kam in Japan im Mittelalter zum Einsatz?

A Der Pups! Auf einer He-Gassen genannten alten Schriftrolle gibt es Bilder eines „Furz-Kampfes". Dort sieht man, wie Angreifer vor windigen Stinkpupsen fliehen.

F Wann fingen die Menschen an, Kunst zu erschaffen?

A Niemand weiß es genau, aber man fand etwa 30.000 Jahre alte Handabdrücke und Malereien von Tieren in Höhlen in Frankreich, Australien und Indonesien.

F Wer hatte ein herrliches Hochzeitsmahl mit 50 köstlichen Gängen?

A Caterina de Medici, eine mächtige italienische Prinzessin im 15. Jahrhundert. Die Gäste verspeisten kalte und warme Gerichte, Desserts und spritzige Sorbets. Sehr nobel!

F Wie halfen Kastanien den Briten im Zweiten Weltkrieg?

A Kastanien enthalten Aceton, einen Stoff, der auch in Sprengstoffen verwendet wird. Die Kinder sollten so viele Kastanien sammeln, wie sie tragen konnten, damit die Armee mehr Waffen herstellen konnte.

F Was hatte der amerikanische Präsident Abraham Lincoln unter seinem Hut?

A Wichtige Staatspapiere für seine Regierungsarbeit. So hatte er alles unter Dach und Fach.

F Gab es jemals Baby-Könige oder Baby-Königinnen?

A Ja. Maria, Königin von Schottland war erst 6 Tage alt, als sie 1542 gekrönt wurde. 1995 wurde der 3-jährige Oyo in Uganda zum König erklärt. Bei seiner Krönung saß er auf dem Thron und spielte mit seinen Spielsachen.

F Was machten die Azteken zur Pflicht?

A Die Schule. Sie nahmen Bildung sehr ernst. Kinder gingen zur Schule, um über die Sterne und das aztekische Leben zu lernen.

F Welcher Körperteil wurde in einer altägyptischen Mumie belassen?

A Das Herz. Das Gehirn wurde übrigens mit einem Haken durch die Nase entfernt und weggeworfen!

F Gab es auch Piratinnen?

A Ja! Anne Bonny und Mary Read segelten als wilde Piratinnen auf demselben Schiff.
Und Ching Shih war die erfolgreichste Piratin aller Zeiten! Sie war als „Piratenkönigin" bekannt und kommandierte 80.000 Piraten.

F Wer glaubte, Drachen seien ihre Urahnen?
A Die Kaiser des alten China. Drachen galten als gottähnlich, weise und gütig.

BRÄUCHE & KULTUREN

F Wie schwer war das schwerste Schoko-Osterei aller Zeiten?

A 8 Tonnen – das ist schwerer als ein afrikanischer Buschelefant.

F Wann darfst du fremde Leute mit Tomaten bewerfen?

A Beim Tomatina-Festival in Spanien. Bei diesem ausufernden Tomaten-Kampf bewerfen sich alle zum Spaß mit überreifen, matschigen Tomaten. PLATSCH!

F Wer betete Zwiebeln an?

A Die alten Ägypter. Sie glaubten, dass die Zwiebel heilig sei und aufgrund ihrer vielen Schichten für das ewige Leben stünde.

F Gibt es Weihnachtsgeschenke immer nur am 24. Dezember?

A In Spanien und Mexiko gibt es die Geschenke am 6. Januar, dem Dreikönigstag. In Großbritannien werden die Geschenke am Morgen des 25. Dezembers geöffnet.

F Was bedeutet eine rote Eingangstür?

A In China bedeutet eine rote Eingangstür: „Willkommen". Im alten Schottland bedeutete eine rote Tür, dass dem Bewohner das Haus auch gehörte.

F Wo in der Welt ist es Tradition, an seinem Geburtstag Nudeln zu schlürfen?

A In China. Es ist ein Geburtstagsbrauch, eine sehr lange Nudel zu essen – die Nudel des langen Lebens. Sie gilt als Glücksbringer für das kommende Jahr. Schlüüüürf!

F Wann darf man schon zum Frühstück Süßigkeiten essen?

A Bei der Feier von Eid-al-Fitr. Dazu isst man Sheer Korma, eine süße, cremige Pasta mit Nüssen, oder honiggefüllte Ma'amoul Kekse. Dieses muslimische Fest wird anlässlich des Fastenbrechens am Ende der Fastenzeit, dem Ramadan, begangen.

F In welchem Land haben Kinder Schulunterricht im Stricken?

A In Island.

F Wer roch besser, ein römischer Soldat oder ein mittelalterlicher Ritter?

A Der römische Soldat. Römer blieben gern frisch und sauber. Sie trafen sich sogar zum Plaudern in öffentlichen Bädern. Im Mittelalter wusch man sich viel weniger. Man dachte, das wäre schlecht für die Gesundheit. Puh!

F Warum hat die Mütze eines Küchenchefs 100 Falten?

A Jede Falte steht für eine andere Methode, ein Ei zuzubereiten, besagt eine Küchentradition. Wie viele kennst du? Gebraten, gekocht …

F Wie neu ist Fast Food?

A Gar nicht neu! Bereits in der römischen Antike aßen Bauern an einem Imbissstand, einem sogenannten Thermopolium.

F Wann darfst du auf der Straße mit Farben um dich werfen?

A Im Frühling, beim Hindu-Fest Holi. Die Menschen singen, tanzen und bewerfen einander mit bunten Pulverfarben. Mit diesem Festival wird der Gott Krishna gefeiert, der ein ziemlicher Schelm war.

F Gelten überall auf der Welt die gleichen Tischmanieren?

A Nein. In Frankreich ist es unhöflich, Salat mit dem Messer zu schneiden. In Japan ist es höflich, die Nudeln zu schlürfen. In einigen Ländern ist Rülpsen nach dem Essen ein Kompliment für den Koch.

F Was ist das beliebteste süße Geschenk zum Valentinstag?

A Schokolade. Diese Tradition begann im 19. Jahrhundert.

F Wann siehst du Menschen, die Regenbogenfahnen schwenken?

A Zu einer Pride Parade, die die LGBTQ-Gemeinschaft feiert. Dabei gibt es Tanz, prächtige Kostüme und Menschen, die die Regenbogenfahne schwingen.

F Woher kommt der Aberglaube, dass man nicht unter einer Leiter durchgehen soll?

A Vielleicht von den alten Ägyptern, die Dreiecke für eine heilige Form hielten. Kein Ägypter wäre durch das Dreieck gegangen, das entsteht, wenn eine Leiter an der Wand lehnt – das brachte Unglück.

F Was treibt Massen an Menschen zu einem Hügel in Gloucestershire, England?

A Käse. Jedes Jahr wird ein riesiger Käselaib den Cooper's Hill hinunter gerollt. Alle jagen hinterher und der Schnellste gewinnt den Käse. Das Rennen ist gefährlich – besser nicht nachmachen!

F Wann gibt eine Schwester ihrem Bruder ein Freundschaftsarmband?

A Beim Hindu-Fest Raksha Bandhan bindet eine Schwester das Rakhi genannte Band um das rechte Handgelenk ihres Bruders. Dann versprechen sie, im kommenden Jahr gut aufeinander aufzupassen.

F Was geschah in der Römerzeit, wenn ein Spiegel zerbrach?

A Das brachte 7 Jahre Pech.

F Was ist der Unterschied zwischen einer Bar Mizwa und einer Bat Mizwa?

A Bei einer Bar Mizwa-Zeremonie wird gefeiert, dass ein jüdischer Junge zum Mann wird, und bei einer Bat Mizwa, dass ein Mädchen zur Frau wird. Um auf Hebräisch viel Glück zu wünschen, sagst du: „Mazel tov".

F Wo feiern Menschen das Neue Jahr mit einem Wasserkampf?

A In Thailand, während des Songkran-Festes. Damit soll Pech aus dem vorigen Jahr weggewaschen werden. Im Laufe der Zeit wurden daraus ausufernde Wasserkämpfe in den Straßen.

F Bringt es Glück, in Hundekacke zu treten?

A Laut einem alten französischen Mythos bringt es Glück, wenn man mit dem linken Fuß in Hundekacke tritt. Mit dem rechten bringt es Unglück.

F Welche Stachelfrucht war früher schick?

A Die Ananas. Im 19. Jahrhundert liebten reiche Menschen aus Europa die Frucht, weil sie so selten war. Sie posierten mit diesem Obst für Gemälde und schmückten Gebäude mit Ananasformen.

F Was befand sich im Inneren der ersten Piñatas?

A Man glaubt, dass die ersten Piñatas im alten China entstanden. Papierfiguren wurden mit Samen gefüllt und dann auf den Boden geworfen. Auch die Azteken zerbrachen einen Tontopf, der mit Gaben für ihren Kriegsgott gefüllt war. Heute wird eine Piñata mit Süßigkeiten gefüllt und bei Partys zerhauen.

F Was passiert, wenn du zu Halloween Kleidung verkehrt herum trägst und rückwärts gehst?

A Legenden zufolge kannst du so Mitternacht eine Hexe sehen. Der Vernunft nach nicht.

F Warum aßen die alten Griechen gern Knoblauch?

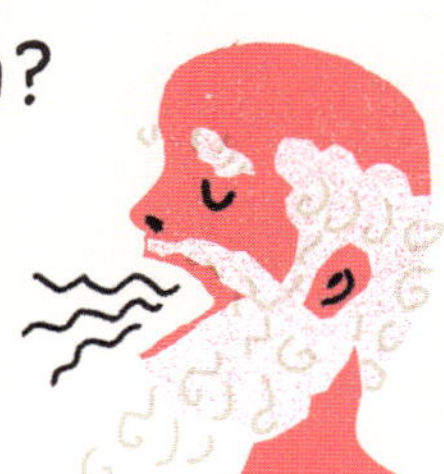

A Weil sie glaubten, dass Knoblauchatem böse Geister fernhält.

F Was geschieht am Tag der Toten?

A Dieser mexikanische Nationalfeiertag feiert die lieben Verstorbenen. Familien verkleiden sich als farbenfrohe Skelette, tanzen und genießen köstliches Essen.

F Wann ist es gut, wenn man einen großen Mund hat?

A Wenn man in Russland heiratet. Braut und Bräutigam nehmen einen ganzen Mund voll Hochzeitstorte. Wer das größere Stück abbeißt, gilt als Oberhaupt der Familie.

F Was ist ein Ceilidh?

A Eine schottische Zusammenkunft, bei der die Teilnehmer traditionelle Tänze aufführen. Schottische Kinder lernen die Tänze oft in der Schule.

F Wann sagt man in Russland „Häng mir doch keine Nudeln an die Ohren"?

A Wenn jemand aufhören soll zu lügen. Überall auf der Welt gibt es ganz unterschiedliche Sprüche über das Leben.

F Wo und wann sagt man „bless you"?

A Wenn jemand niest. Es bedeutet auf Englisch „sei gesegnet". In Deutschland sagt man „Gesundheit" und in China antwortet man „yi bai sui", was so viel heißt wie „mögest du 100 Jahre leben".

F Was bedeutet „Furaha ya kuzaliwa" auf Suaheli?

A Alles Gute zum Geburtstag. Auf Kantonesisch heißt das: „Sang Yat Fai Lok".

F Jedes Jahr gibt es in Lopburi, Thailand, ein großes Festgelage mit köstlichem Obst und Gemüse. Für wen ist es?

A Für Tausende von Makaken. Diese Affen sollen Glück nach Lopburi bringen, also feiern die Menschen jedes Jahr das Affen-Buffet-Fest, um ihre felligen Freunde zu ehren.

F Was ist eine Barttasse?

A Eine besondere Teetasse, die Ende des 19. Jahrhunderts erfunden wurde. Ihre Form verhinderte, dass der Schnurrbart des Teetrinkers mit in den Tee tunkte.

F Welcher Tag wird jedes Jahr am 19. September gefeiert?

A Arrrr! Es ist der Sprich-wie-ein-Pirat-Tag. Ein paar Freunde in den USA begannen damit, sich einen Tag lang wie Piraten zu kleiden und zu sprechen. Das verbreitete sich bald auf der ganzen Welt. Beim Klabautermann!

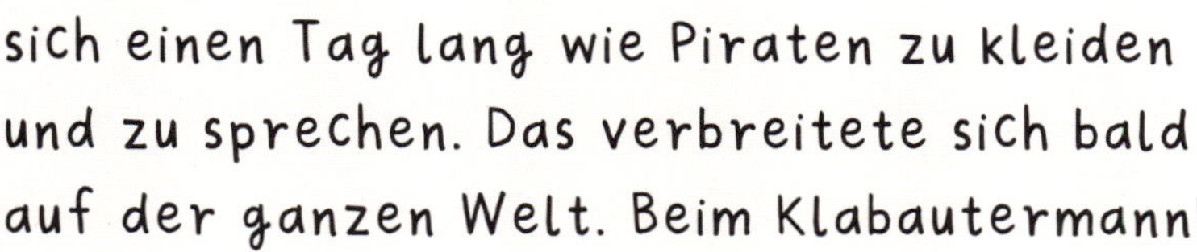

F Warum glauben manche, dass verstreutes Salz Unglück bringt?

A Möglicherweise, weil Salz in der Antike kostbar war. Römische Soldaten bezahlte man sogar in Salz. Etwas so Kostbares zu verstreuen und zu verschwenden, galt als Unglück.

F Wer war der erste Lehrer, der Hausaufgaben aufgab?

A Niemand weiß genau, wer der Schuldige ist. Verdächtigt wird der römische Schriftsteller Plinius, der von seinen Schüler verlangte, Reden zu Hause zu üben, bevor sie diese laut in der Klasse vortrugen.

F Wenn du am 14. Januar im indischen Gujarat einen Blick in den Himmel wirfst – was siehst du?

A Hunderte von Drachen. Jedes Jahr lassen die Menschen Drachen steigen, um das Fest Uttarayan zu begehen, das im Hindu-Kalender den Beginn des Frühlings kennzeichnet.

F Was ist der Hadsch?

A Eine religiöse Reise, die alle Muslime mindestens 1 Mal in ihrem Leben machen sollen, wenn sie können. Jedes Jahr pilgern etwa 2 Millionen Muslime aus der ganzen Welt in die Stadt Mekka in Saudi Arabien.

F Welche Süßigkeit essen Niederländer, um die Geburt eines Babys zu feiern?

A Mäusekekse. Keine Angst, Mäuse gehören nicht zu den Zutaten. Die Kekse werden mit süßen Anissamen bestreut, die wie winzige Mäuseschwänze aussehen.

F Wurden zu Halloween immer schon Kürbisse geschnitzt?

A Nein. Die Tradition begann in Irland, wo die Menschen gruselige Gesichter in Rüben oder Kartoffeln schnitzten, um böse Geister zu vertreiben.

F Wann trägt man eine venezianische Maske?

A Beim Karneval von Venedig. Seit Jahrhunderten verkleiden sich die Menschen jedes Jahr mit Kostümen und ausgefallenen Masken. Es gibt Bälle, Bootsparaden und Veranstaltungen.

F Was ist der Haka?

A Ein Gruppentanz, der von den Maori, den indigenen Einwohnern von Neuseeland, aufgeführt wird. Ursprünglich war der Haka ein Kriegstanz. Heute wird er zum Spaß, oft bei Hochzeiten, getanzt.

F Was gibt es beim Yuki Matsuri Fest in Japan zu sehen?

A Unglaubliche Skulpturen aus Schnee und Eis. Millionen von Besuchern bewundern die eisigen, riesig hohen Gebäude und Figuren.

F Welche Geschichte steckt hinter dem Valentinstag?

A Es heißt, der römische Kaiser Claudius II. habe jungen Menschen verboten zu heiraten, woraufhin ein Priester namens Valentin sie heimlich traute.

F Kawumm! Wer ist der Schutzpatron des Feuerwerks?

A Die Heilige Barbara. Schutzpatrone sind Heilige der katholischen Kirche, die ausgewählt wurden, um eine bestimmte Gruppe von Menschen oder Dingen zu beschützen.

F Was feiern Menschen auf der ganzen Welt jedes Jahr am 22. April?

A Den Earth Day. An diesem Tag sollen sich die Menschen über Pläne und Ideen zum Schutz unseres wunderbaren Planeten austauschen.

F Bringen schwarze Katzen Glück oder Unglück?

A Im alten Ägypten waren alle Katzen Glücksbringer, was auch heute viele glauben. Andere halten schwarze Katzen für verkleidete Hexen.

F Wie viele Tage dauert das jüdische Fest Chanukka?

A 8. Während Chanukka entzündet man Kerzen auf einem besonderen Kerzenleuchter, der Menora heißt.

F Wer hat den Weihnachtsbaumwahn begonnen?

A Die Deutschen begannen die Tradition im 16. Jahrhundert. Später schmückten die englische Königin Victoria und ihr deutscher Ehemann Prinz Albert Bäume mit Schleifen, Süßigkeiten und Spielzeug. Bald waren Weihnachtsbäume auf der ganzen Welt in Mode.

UNSERE WELT

F Welcher ist der längste Ortsname der Welt?

A Taumatawhakatangihangakoauauotamate-aturipukakapikimaungahoronukupokaiwhenua-kitanatahu. Das ist der Name eines Berges in Neuseeland, der 85 Buchstaben hat. Puh! Versuch das mal auszusprechen.

F Was ist besonders am Wort „OK"?

A Es ist eines der meistbenutzten Wörter der Welt. Okey dokey!

F Welches ist das höchste Gebäude der Welt?

A Der Burj Khalifa in Dubai ist der aktuelle Rekordhalter. Er ist 828 Meter hoch und hat 163 Stockwerke. Bald könnte er jedoch vom Jeddah Tower in Saudi Arabien übertroffen werden, der 1007 Meter hoch werden soll.

F Welches Land hat einen Flughafen, der wie ein Drache geformt ist?

A China. Pekings neuer Flughafen hat sogar 3-eckige Fenster, die wie Drachenschuppen aussehen.

F Wie viele Glühbirnen findest du im Opernhaus von Sydney, Australien?

A Jährlich müssen etwa 15.500 Glühbirnen ausgetauscht werden. Das riesige Opernhaus sieht aus wie die Segel eines Segelboots.

F War der schiefe Turm von Pisa eigentlich JEMALS gerade?

A Nö. Als seine Erbauer gegen 1178 beim 3. Stockwerk angekommen waren, begann er schon, sich zu neigen. Der Untergrund war zu weich.

F Wodurch halten die Ziegel in der Chinesischen Mauer zusammen?

A Durch Klebreis, eine Mischung aus Süß-reismehl und Kalkpulver. Die Mauer erstreckt sich über zehntausende Kilometer.

F Welche Farben kommen am meisten in Nationalflaggen vor?

A Rot, Weiß und Blau. Die beliebteste Farbe überhaupt ist Rot.

F Wie helfen die Pyramiden von Gizeh bei der Zeitbestimmung?

A Sie funktionieren wie riesige Sonnenuhren. Die alten Ägypter bauten die Pyramiden dermaßen präzise, dass ihre Schatten anzeigen, wie die Zeit vergeht.

F Wie viele Sterne und Streifen sind auf der US-Flagge?

A Es gibt 50 Sterne, einen für jeden amerikanischen Bundesstaat. Die 13 Streifen stehen für die Ursprungsstaaten.

F Welche 3 Länder messen als einzige in Meilen, nicht in Kilometern?

A USA, Liberia und Myanmar.

F Auf welcher Brücke in Rom spukt es?

A Wenn du den Ponte Sisto im Morgengrauen besuchst, siehst du vielleicht eine Kutsche mit einer Frau darin, die aus der Stadt rast und sich mit geklautem Gold davon macht.

F Wie lang ist die längste Straße der Welt?

A Etwa 30.000 Kilometer. Sie heißt Panamericana und führt durch 14 Länder von Alaska bis Argentinien.

F Was ist eine Kryptowährung?

A Ein System von Gutscheinen, die im Internet wie Geld benutzt werden. Es gibt keine Münzen oder Scheine. Eine bekannte Kryptowährung sind Bitcoins.

F Was kannst du im Momofuku Ando Instant Museum besichtigen?

A Instant-Nudeln. Und zwar in rauen Mengen! Das ganze Museum in Japan ist ausschließlich Nudeln gewidmet.

F Was ist der Große Pazifische Müllteppich?

A Eine treibende Masse von Müll im Pazifischen Ozean zwischen Kalifornien und Hawaii, an der traurigerweise der Mensch schuld ist. Dieser Müllteppich ist 3 Mal so groß wie Frankreich.

F Wie bekam die Verbotene Stadt in China ihren Namen?

A Hunderte Jahre lang durften nur der Kaiser, seine Familie und geladene Gäste die Mauern dieses riesigen Palasts betreten. Heute kommen Millionen von Touristen.

F In welchem Land leben die meisten Menschen?

A China. Obwohl es Vorhersagen zufolge vielleicht bald von Indien abgelöst wird.

F In welchem Land gibt es die meisten Zwillinge?

A Im afrikanischen Benin. Von 1000 Geburten sind durchschnittlich 28 Zwillinge.

F Kannst du 4 europäische Länder nennen, die mit dem Buchstaben „S" beginnen?

A Du kannst aus 7 auswählen: San Marino, Serbien, Slowakei, Slowenien, Spanien, Schweden und die Schweiz.

F Wie lang dauert der kürzeste Flug der Welt?

A 2 Minuten. Das ist die offizielle Flugzeit zwischen 2 schottischen Inseln. An einem guten Tag sind es sogar nur 47 Sekunden. Wuuuuuusch!

F Wie viele Sprachen werden weltweit gesprochen?

A Beinahe 7000.

F Wofür steht der rote Kreis auf der japanischen Flagge?

A Für die Sonne. Japan wird auch das Land der aufgehenden Sonne genannt.

F Warum ist die Golden Gate Bridge in San Francisco orange?

A Sie sollte eigentlich blau und gelb werden. Die Grundierung, also die erste Schicht, war jedoch orange. Das hat allen so gut gefallen, dass man bei Orange blieb.

F Woraus besteht die Fackel der Freiheitsstatue?

A Hauptsächlich aus Kupfer. Außen ist sie mit Blattgold überzogen, also mit Gold, das zu sehr dünnen Blättchen geschlagen wurde.

F Wie viele Menschen leben auf der Welt?

A Fast 8 Milliarden. Im Jahr 2050 sind es wahrscheinlich schon 10 Milliarden. Das ist eine ganze Menge.

F Welches ist das kleinste Land der Welt?

A Der Vatikan. Der Staat wird von der katholischen Kirche regiert. Dort leben weniger als 1000 Menschen.

F Welches Land hat die längste Nationalhymne der Welt?

A Griechenland. Sie hat 158 Verse.

F Welche 2 Länder haben fast identische Flaggen in Orange, Grün und Weiß?

A Irland und die Elfenbeinküste. Da muss man wirklich 2 Mal hinschauen!

F Das Nationaltier von Schottland?

A Das Einhorn.

F Was findest du auf den Osterinseln?

A Beinahe 1000 riesige Statuen, die als Moai bekannt sind. Sie wurden vor etwa 500 Jahren geschaffen.

F Was darfst du in den britischen Houses of Parliament nicht tragen?

A Ein Gesetz aus dem 14. Jahrhundert verbietet es, eine Rüstung zu tragen. Dieses Gesetz existiert auch heute noch.

F Wer radelte den Eiffelturm in Paris hinunter?

A 1923 radelte der Journalist Pierre Labric die Stiegen vom 1. Stock hinab. Das muss ziemlich rumpelig gewesen sein!

F Wie viele Elefanten halfen beim Bau des Taj Mahal in Indien?
A Mehr als 1000 Elefanten halfen, die riesigen Marmorblöcke für dieses enorme Grabmal zu tragen. Kaiser Shah Jahan ließ es für seine verstorbene Frau Mumtaz Mahal errichten.

F Welches ist das größte Land der Welt?

A Russland. Es ist riesig. Sogar größer als die Oberfläche des Zwergplaneten Pluto.

F Wie wurde Stonehenge erbaut?

A Wir wissen es nicht! Es ist immer noch ein Rätsel, wie die Menschen damals diesen Steinkreis in England gebaut haben. Die größeren Steine wiegen so viel wie 4 Elefanten.

F Welcher Kontinent hat keine Länder?

A Die Antarktis.

F Welches Land tischt Hamburger als Nationalgericht auf?

A Die USA.

F Was kannst du unter den Straßen von Paris finden?

A

Kilometerweise unheimliche Tunnel, die Katakomben, in denen die Skelette von mehr als 6 Millionen Menschen lagern! Vor hunderten von Jahren ging auf den Friedhöfen der Platz aus.

F Waren Schneeballschlachten je verboten?

A Ja. In einer Stadt in Colorado, USA, gab es ein Gesetz, das das verbot. Ein 9 Jahre alter Junge stellte das Gesetz 2019 in Frage und seitdem darf man dort nach Herzenslust mit Schneebällen herumballern.

F Das nationale Motto welches Landes lautet „Harambee" und was bedeutet das?

A Kenia; „Alle ziehen an einem Strang".

F Welche Zugstrecke ist die längste der Welt?

A Die Fahrt mit der Transsibirischen Eisenbahn. Sie beginnt in Moskau und führt über Sibirien nach Wladiwostok. Die Reise dauert 6 Tage.

F Welche Sprache sprechen weltweit die meisten Menschen?

A Mandarin-Chinesisch.

F In welcher schicken U-Bahn-Station hängen Kronleuchter?

A Die Station Komsomolskaya in Moskau, Russland. Die Reisenden schauen dort zu Kronleuchtern auf, die von dekorierten gelben Decken baumeln wie in einem Ballsaal.

F Heißt „Ciao" auf Italienisch Hallo oder Tschüss?

A Schwierige Frage. Es kann beides bedeuten. Auch auf Hawaii bedeutet „Aloha" beides.

F Wo findet die Wattolümpiade statt?

A Deutschland. Bei den olympischen Schlammspielen gibt es Wattfußball.

F Indien, Vietnam und Ägypten teilen sich die gleiche Nationalblume – welche?

A Die Lotosblume. Sie gilt als Symbol für Reinheit und Wiedergeburt. Ihre Wurzeln wachsen im trüben Wasser, während ihre hübschen Blüten an der Oberfläche treiben.

F Welche gewaltige Stadtmauer wurde 1989 abgerissen?

A Die Berliner Mauer. Sie hatte die Ost- und Westseite der Stadt fast 30 Jahre lang voneinander getrennt.

F In welcher Stadt gibt es wohl mehr Fahrräder als Menschen?

A In Amsterdam in den Niederlanden.

F Welches antike römische Amphitheater war auch ein See zum Bootfahren?

A Das Kolosseum in Rom. An einem Tag kämpften dort Gladiatoren in der sandigen Arena, am nächsten wurde das Theater für eine gespielte Seeschlacht mit Modellschiffen überflutet.

KUNST & UNTERHALTUNG

F Wie viele Möglichkeiten gibt es, ein Kartenspiel zu mischen?

A Mathematiker sagen, dass es 80.000.000.000.000.000.000.000.000.000.000.000.000.000.000.000.000.000.000.000.000.000.000.000 verschiedene Möglichkeiten gibt, die Karten zu mischen. Also „8" gefolgt von 67 Nullen!

F Was ist Gummistiefelweitwurf?

A Ein Sport. Die Teilnehmer werfen Gummistiefel so weit sie können.

F Welcher Künstler stellte ein Pinkelbecken in einer Kunstgalerie aus?

A Marcel Duchamp. 1917 nahm er mit einem Pinkelbecken aus Porzellan an einem Kunstwettbewerb teil. Er brachte die Menschen damit zum Nachdenken, was Kunst eigentlich ausmacht.

F Wie viele Menschen sehen die Olympischen Sommerspiele im TV?

A Ungefähr 3 Milliarden.

F Wie viele Menschen tanzten beim größten „Ententanz" der Welt?

A 1996 flatterten bei einem Jahrmarkt in den USA ganze 72.000 Menschen zum „Chicken Song" – der oft bei Sportveranstaltungen gespielt wird – mit den Armen.

F Was ist Cuju?

A Ein alter chinesischer Sport. Er ähnelte dem heutigen Fußball und wurde bereits vor mehr als 2000 Jahren gespielt!

F Für welchen Gedichtvortrag brauchst du 8 Stunden?

A Für das etwa 1,8 Millionen Wörter lange *Mahabharata*, ein altes indisches Epos. Es erzählt von den Kriegen königlicher Familien.

F In welcher Stadt wurde Jazzmusik zuerst gespielt?

A In New Orleans.

F Was bedeutet das Wort „Superkalifragilistik-expialigetisch"?

A Wunderbar und wirklich ziemlich gut. Es wurde durch den ersten Mary Poppins-Film bekannt. Wenn du dich wunderbar fühlst, sag es einfach mal laut.

F Welche Katze half dabei, klassische Musik zu schreiben?

A Eine Hauskatze namens Pulcinella. Im 18. Jahrhundert schrieb der Komponist Domenico Scarlatti ein Musikstück namens „Katzenfuge", inspiriert durch Pulcinella, die über die Tasten seines Klaviers lief.

F Wer erfand das Schachspiel?

A Viele glauben, dass Schach auf einem alten indischen Spiel beruht, bei dem es Elefanten und Streitwagen gab, anstelle von Läufern und Türmen.

F Welches Gemälde wurde in einem Museum irrtümlich kopfüber aufgehängt?

A Das Bild *Le Bateau* des französischen Künstlers Henri Matisse hing im New Yorker Museum of Modern Art 2 Monate lang verkehrt herum, ehe es einem Besucher auffiel.

F Welche Spezialeffekte setzte William Shakespeare bei der Aufführung seiner Stücke ein?

A Rauch, Falltüren, Feuer, an Seilen durch die Luft fliegende Schauspieler – und Kanonen!

F Kann Musik auch still sein?

A 1952 schuf der amerikanische Komponist John Cage ein Lied aus 4 Minuten und 33 Sekunden Stille. Es ist ganz ohne Töne.

F Welcher berühmte holländische Maler schuf Bilder von Sonnenblumen und starb arm wie eine Kirchenmaus?

A Vincent van Gogh. Er verkaufte nur ein einziges Bild. Heute sind seine Werke Millionen wert.

F Wie heißen Comicbücher in Japan?

A Manga. Wenn du in Japan eine Manga-Zeitschrift liest, dann liest du die Wörter von rechts nach links.

F Wann wurde das Feuerwerk erfunden?
A Vor ungefähr 2000 Jahren in China. Ob die Zuschauer da wohl auch schon „Aaaah" und „Oooooh" gerufen haben wie wir heute?

F War der unglaubliche Hulk immer schon grün?

A Als er das erste Mal in einem Comic auftauchte, war er grau. Da die Farbe Grau schwierig zu drucken war, wurde er schließlich grün.

F Wie viel Fernsehen schaut ein Kind im Jahr?

A Wenn ein Kind jeden Tag etwa 2 Stunden fernsieht, macht das im Jahr 730 Stunden. Das ist ungefähr ein Monat!

F Wie alt war der österreichische Komponist Mozart bei seinem ersten Auftritt?

A Er war erst 5 Jahre alt.

F Womit schlugen die ersten Tennisspieler den Ball?

A Mit ihren Handballen! Spiel, Satz, Sieg.

F Wie klein ist das kleinste Buch der Welt?

A Zu klein, um es mit den Augen sehen zu können! Es misst 70 x 100 Mikrometer, was ungefähr der Dicke eines Haares entspricht.

F Was ist Pong?

A Eines der ersten Videospiele. Es wurde 1972 erfunden, basierte auf Tischtennis und war sehr beliebt.

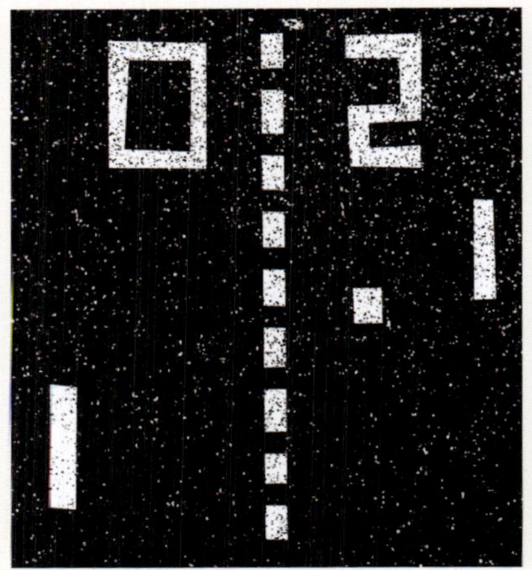

F Was entsteht in Nollywood, Bollywood und Hollywood?

A Filme. Nollywood befindet sich in Nigeria, Bollywood in Indien und Hollywood in den USA.

F Worum handelt es sich bei B-612?

A Das ist der Asteroid, auf dem der kleine Prinz, aus der Geschichte des französischen Autors Antoine de Saint-Exupéry, wohnt.

F Was tat ein Hofnarr im Mittelalter?

A Der Hofnarr musste unterhalten. Er trug bunte Kleider, tanzte, jonglierte, erzählte Geschichten und führte Zaubertricks vor.

F Kann ein Kind einen Bestseller-Roman schreiben?

A Na klar! 1890 schrieb ein 9-jähriges britisches Mädchen namens Daisy Ashford das Buch *The Young Visitor* und vergaß es daraufhin wieder. 29 Jahre später wurde es veröffentlicht und ein Riesenerfolg.

F Woher kommen die Dinosauriergeräusche in Filmen?

A Keiner weiß, wie Dinos sich anhörten, also raten die Filmemacher einfach und nehmen alle möglichen Arten von Geräuschen, darunter auch das Trompeten von Baby-Elefanten.

F Welche Gruselgeschichte hieß ursprünglich *Der tote Untote*?

A *Dracula* von Bram Stoker. Der böse Vampir Dracula saugt seinen Opfern das Blut aus und verwandelt sich in eine Fledermaus.

F Was passiert, wenn du Musik hörst?

A Laune, Gedächtnis, Konzentration und Schlaf verbessern sich, sagen Wissenschaftler.

F Wie alt ist das älteste funktionierende Riesenrad der Welt?

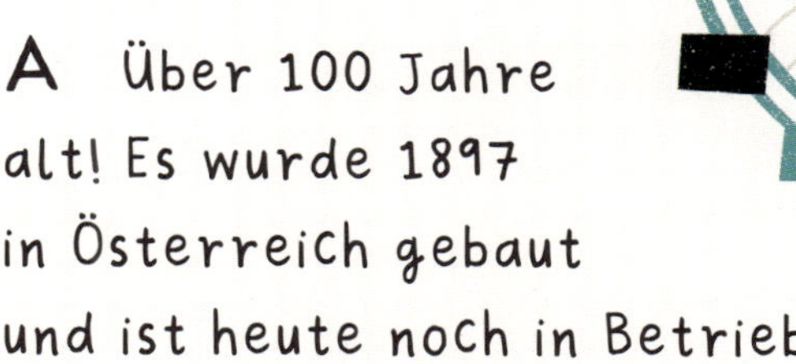

A Über 100 Jahre alt! Es wurde 1897 in Österreich gebaut und ist heute noch in Betrieb.

F Was bedeutet „Karaoke"?

A Karaoke heißt auf Japanisch „leeres Orchester". Es ist ein Spielautomat, mit dem du zu deinen Lieblingsliedern singen kannst.

F Was ist eines der ältesten Musikinstrumente?

A Das Didgeridoo. Es macht einen tiefen „Uuuuuuu"-Ton. In Australien wird dieses Instrument seit Jahrtausenden gespielt. Traditionell besteht es aus einem von Termiten ausgehöhlten Baumstamm.

F Was hatten die ersten Ballettkünstler gemeinsam?

A Alle waren Männer! In den Anfangszeiten des Balletts war Frauen das Tanzen verboten.

F Welche Künstlerin hatte 2 Affen als Haustiere?

A Frida Kahlo.
Die Affen hießen Fulang Chang und Caimito de Guayabal. Sie hatte auch einen Papagei namens Bonito.

F Wie weit wird dein Fernsehsignal übertragen?

A Satelliten hoch oben im Weltraum senden und empfangen Radiosignale, damit du Bilder in deinem Fernseher sehen kannst. Die Signale reisen 38.000 Kilometer in 0,13 Sekunden. So schnell wie ein Wimpernschlag!

F Welches berühmte Gemälde hat seinen eigenen Briefkasten?

A Die *Mona Lisa* von Leonardo da Vinci. Die Menschen lieben dieses Gemälde einer lächelnden Frau so sehr, dass sie ihr Liebesbriefe schicken.

F Was taten die alten Griechen am Ende eines Stückes?

A Mit den Füßen trampeln. Im Laufe der Zeit klatschten die Menschen dann in die Hände. Die alten Griechen buhten auch und machten Eselslaute, wenn es ihnen nicht gefiel.

F Wie lautet Donald Ducks zweiter Vorname?

A Fauntleroy.

F Wie viele Holzteile benötigst du, um eine Geige zu bauen?

A Ungefähr 70.

F Was inspirierte Roald Dahl dazu, *Charlie und die Schokoladenfabrik* zu schreiben?

A Man munkelt, seine Erfahrungen als Schokoladenriegelvorkoster in seiner Jugend hätten ihn inspiriert.

F Können Computer Menschen beim Schach schlagen?

A Ja. 1997 schlug ein Computer namens Deep Blue den russischen Schachgroßmeister Gary Kasparow.

F Wie lange hüpft das Jo-Jo schon?

A Seit 2500 Jahren! Die alten Griechen sollen die ersten Jo-Jos erfunden haben, die aus Terrakotta bestanden.

F Warum sehen auf alten Schwarz-Weiß-Fotografien alle immer so ernst aus?

A Im 19. Jahrhundert dauerte es stundenlang, ein einziges Foto aufzunehmen. Die Menschen saßen so lange wie möglich ganz still – zu lange, um ständig zu lächeln.

F Was beginnt so: „Alle Kinder, außer einem, werden erwachsen"?

A Das Buch *Peter Pan* von J.M. Barrie. Peter hat eine niemals endende Kindheit an einem Ort namens Nimmerland.

F Wie lang ist die längste Achterbahn der Welt?

A Fast 2,4 Kilometer. Sie heißt Steel Dragon 2000 und steht in Japan. Die Fahrt damit dauert 4 Minuten.

F Was ist die höchste Punktezahl beim Bowling?

A 300. Dafür müsstest du 12 perfekte Strikes bowlen.

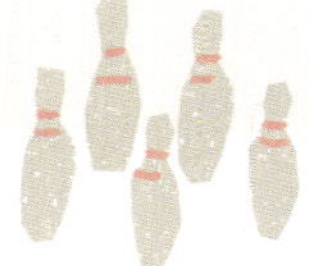

F Was sieht man in einem „anatomischen Theater"?

A Einen grausigen Anblick. Anatomisch heißt, den Körper zu studieren. Im 16. Jahrhundert bezahlte man, um sehen zu dürfen, wie Leichen auseinandergenommen wurden … Bäh!

F Wie wurde das Trampolin erfunden?

A In den 1930er-Jahren sah der 16-jährige George Nissen Zirkusartisten auf dem Hochseil. Er fand es lustig, wie sie in das Sicherheitsnetz darunter fielen und erfand das Trampolin. BOING!

F Kasten, Schlitten oder Delta sind welche Art Spielzeug?
A Drachen.

GLOSSAR

A

Äquator

Eine gedachte Linie, die um die gesamte Mitte der Erde reicht. Orte in der Nähe des Äquators werden als tropisch bezeichnet.

Arterie

Ein dicker Schlauch, der Blut aus dem Herz in den gesamten Körper transportiert.

Astronom

Ein Astronom studiert die Wunder des Weltraums, darunter Sonne, Mond, Planeten und Sterne.

Atmosphäre

Die Gasdecke, die die Erde umgibt. Mit ihrer Hilfe behält die Erde die richtige Temperatur und wird weder zu heiß noch zu kalt.

Atom

Eine Grundeinheit von Materie. Alles im Universum besteht aus Atomen.

B

Bakterien

Winzige Lebewesen, die aus nur einer Zelle bestehen. Einige sind gut, andere schädlich. Man braucht ein Mikroskop, um Bakterien zu erkennen.

Blutgefäße

Schläuche, die im Körper Blut transportieren. Arterien und Venen sind Blutgefäße.

Bürgerrechte

Die Rechte oder Freiheiten, die sicherstellen, dass du und auch alle anderen gerecht behandelt werden, egal welches Geschlecht, welche Religion, Hautfarbe oder ob du eine Behinderung hast.

D

Darm

Der Teil deines Körpers, der dir dabei hilft, Nährstoffe aus dem Essen aufzunehmen. Es gibt einen Dickdarm und einen Dünndarm.

Daten

Alle unglaublichen Fakten in diesem Buch sind Daten, die zusammengetragen wurden. Daten sind eine Ansammlung von Informationen, besonders Fakten oder Zahlen.

E

Eiszeit

Eine Epoche mit sehr kaltem Klima auf der ganzen Welt, in der große Bereiche von Gletschern und dicken Eisplatten bedeckt waren. Große Eiszeiten können hunderte Jahrmillionen dauern.

Epos

Eine langes Gedicht, das eine dramatische Geschichte von Helden, Heldinnen und Abenteuern erzählt.

F

Feuergürtel

Ein Gebiet im Pazifischen Ozean. Hier sind die Platten, aus denen die Erdoberfläche besteht, uneben und überlappen einander, es gibt also viele Vulkane und Erdbeben.

Fossil

Die Überreste von Lebewesen, die in Gestein erhalten sind. Fossilien können Jahrmillionen alt sein. Wir wissen nur dank ihrer Fossilien von Dinosauriern.

Fühler

Fühler sind am Kopf von Insekten und einigen anderen Tieren. Damit erkunden sie ihre Umgebung.

G

Galaxie

Eine riesige Ansammlung von Planeten, Staub, Gas und Milliarden von Sternen. Die Erde befindet sich in der Galaxie der Milchstraße.

Gas

Die Luft, die wir atmen, besteht aus Gasen. Gas hat keine feste Form oder Größe.

H

Hemisphäre oder Halbkugel

Die obere Hälfte der Welt heißt Nördliche Hemisphäre oder Nordhalbkugel, die untere ist die Südliche Hemisphäre oder Südhalbkugel.

Hormon

Ein chemischer Stoff in Pflanzen, Tieren und Menschen, der Botschaften übermittelt. Wenn du zum Beispiel aufgeregt bist, verleihen Hormone dir Energie.

I

Imperium

Eine Gruppe von Ländern, die von nur einem Herrscher regiert werden, einem Kaiser oder einer Kaiserin. Das Römische Imperium erstreckte sich über tausende Kilometer.

Indigene Völker

Die Gruppen von Menschen, die als Erste an einem Ort lebten. Die Maori lebten in Neuseeland schon lange, ehe im 20. Jahrhundert die ersten Siedler kamen.

ISS

ISS steht für International Space Station, also Internationale Raumstation, ein riesiges Raumschiff, das die Erde umkreist. An Bord führen Astronauten aus verschiedenen Ländern wissenschaftliche Experimente durch.

K

Keim

Ein Lebewesen, das aus einer Zelle besteht. Es wird auch als Bakterium bezeichnet. Wenn Keime in deinen Körper gelangen, machen sie dich krank.

Klimawandel

Das Klima ist die Abfolge von Wetter auf der ganzen Welt über einen langen Zeitraum. Wissenschaftler sagen, dass sich das Klima verändert, da sich die Welt erwärmt.

Klon

Wenn du etwas klonst, dann stellst du eine identische Kopie davon her.

Kontinent

Eine riesige Landmasse. Auf der Erde gibt es 7 Kontinente – Asien, Afrika, Nordamerika, Südamerika, Antarktis, Europa und Australien.

L

Lava

Wenn ein Vulkan seine Spitze wegsprengt, spuckt er heißes flüssiges Gestein aus: die Lava. Kühlt sie ab, wird sie zu Gestein.

LGBTQ

Diese Buchstaben stehen für lesbisch, gay (= schwul), bisexuell, trans und queer. LGBTQ feiert die vielen Formen, in denen Menschen miteinander leben.

M

Materie

Dies ist dein Körper und alles rund um dich herum, wie die Luft, die du atmest, und dieses Buch. Materie besteht aus einer Menge von Atomen.

Mittelalter

Eine Zeit in der Geschichte, die etwa vom Jahr 500 bis zum Jahr 1500 dauerte. Im Mittelalter gab es in Europa Ritter und Burgen.

N

Nerv

Nerven transportieren Signale durch den Körper und helfen ihm, zu fühlen und auf seine Umgebung zu reagieren. In deinen Fingerspitzen befinden sich Nervenenden.

S

Sauerstoff
Luft enthält Sauerstoff, ein Gas, das man weder sehen noch riechen kann. Lebewesen brauchen Sauerstoff zum Überleben.

Schwarzes Loch
Das ist eine unglaublich starke Kraft im Weltraum, die alles in ihrer Nähe verschluckt.

Schwerkraft
Eine mächtige unsichtbare Kraft, die alles nach unten zieht. Auf der Erde hilft die Schwerkraft dabei, dass unsere Füße am Boden bleiben.

Seuche
Wenn eine tödliche und sehr ansteckende Krankheit sich rasch von einer zur nächsten Person verbreitet, nennt man das eine Seuche.

Sonnensystem
Unsere Gruppe von Planeten, darunter auch die Erde, die die Sonne umkreist. Im Weltraum gibt es auch andere Sonnensysteme.

Spezies
Eine Gruppe von Lebewesen, die bestimmte Eigenschaften gemeinsam hat. Menschen sind eine Spezies, ebenso Kaiserpinguine.

U

Uhrzeigersinn – *gegen den Uhrzeigersinn*
Stell dir die Zeiger einer Uhr vor.
Im Uhrzeigersinn bedeutet: in der Richtung, in der sich die Zeiger bewegen.
Gegen den Uhrzeigersinn bedeutet: in die entgegengesetzte Richtung.

Umkreisen
Umkreisen bedeutet, sich um etwas herum zu bewegen: Die Erde umkreist die Sonne.

V

Vene
Dieser dünne Schlauch transportiert im Körper Blut zurück zum Herz. Du hast ein ganzes Netzwerk von Venen.

W

Wasserkreislauf
Die ewige Reise von Wasser rund um die Welt. Vom Regen, der aus den Wolken auf Land und Ozeane fällt, zum Wassernebel, der aufsteigt und sich am Himmel zu Wolken formt.

Z

Zelle
Alle Lebewesen bestehen aus Zellen. Die Zelle ist die kleinste Einheit von Leben. Eine Amöbe besteht aus 1 Zelle. Ein Mensch besteht aus Billionen von Zellen.

REGISTER

3D-Drucker 13

Aberglaube 78, 80–81, 83, 84
Ägypter 14, 23, 33, 62, 67, 70, 74, 77, 78, 84, 88
Antarktis 38, 41, 44, 93
Architektur 38, 68, 87–95
Astronauten 47–48, 50–54
Atmung 10, 24
Atome 7
Augen 7, 14, 28, 61, 63, 71
Ausscheidung 8, 30–31, 33, 41, 48, 50, 68, 70–71, 80
Aussterben 24
Autos 17, 21
Azteken 68, 74, 80

Bakterien 8, 13, 18, 22
Bauchnabel 8
Bäume 38, 40, 41, 45
Bermuda-Dreieck 58
Bevölkerung 13, 37, 90–91
Biotreibstoffe 18
Blinzeln 7
Blut 8, 61, 101
Blutgefäße 15
Bräuche und Kulturen 76–85
Brücken 88, 90
Bürgerrechte 69, 70

China 58, 60, 70, 75, 77, 80, 81, 87, 89, 90, 99
Comics 98, 100
Computer 20, 23, 24

Därme 13, 27
Diamant 40, 54
Dinosaurier 24, 29, 101
DNS 7
Dosen 20
Drachen 75, 83, 87, 105
Drucken 13, 21

Eier 18, 41, 77, 78
Eisenbahnen 25, 93–94
E-Mails 21
Erdbeben 37
Erde 20, 40, 44, 47–50, 53, 84
Erdkunde 37–38, 58, 86–95
Essen und Trinken 14, 21, 38, 44, 63, 67–68, 70, 74, 77–79, 80–83, 88, 93

Fahrräder 19, 94
Farbe 57, 60–61, 63–64, 77
Feiern 77–85
Fernsehen 23, 97, 100, 103
Feuerwerk 84, 99
Fingerabdrücke 11
Fische 27–28, 31–34, 40, 42
Flaggen 60, 78, 87–88, 90, 91
Flug 18, 21, 24, 39, 90
Flüsse 44, 53
Frauen 23, 71
Furzen 8, 10, 12, 27, 31, 48, 73
Füße 11, 13, 28, 33

Gähnen 14
Geburt 31, 32, 83, 90
Geburtenraten 13
Geburtstage 47, 63, 77, 81
Gehirne 7, 11, 14, 18, 57–58, 74
Geld 73, 88
Gemüse 44, 82
Geschichte 66–75
Geschmack 28
Geschwindigkeitsrekorde 17, 34
Gespenster 61, 88
Gift 28, 73
Gladiatoren 73, 95
Glühbirnen 14, 17, 87
Gold 9, 68, 90
Goldlöckchen-Zone 50
Götter 67, 70–71, 75, 78
Großer Hadronen-Speicherring 17

Haare 7, 9, 13, 17, 73
Haie 27–28, 40
Haut 13
Heißluftballons 12, 18, 39
Herzklopfen 8
Hören 7
Husten 8
Impfungen 18, 21
Inseln 11, 38, 90–91
Internationale Raumstation (ISS) 47, 48, 50, 54
Internet 17, 20, 88

Jahreszeiten 44

Kacke 31, 41, 50, 71, 80
Keime 8, 13, 18, 21
Kitzeln 11

Klone 17
Knochen 11, 13
Knorpel 11
Koralle 38
Krankheit 18, 21, 67
Kunst 73, 96–105

Lächeln 10
Licht 23, 48, 64
Lichtjahre 47
Literatur 97–98, 100–101, 103–104

Magen 8, 13
Magnete 24
Mary Celeste 65
Maya 70
Medizin 18, 68, 70
Meere/Ozeane 37, 40–41, 59
Menschlicher Körper 6–15
Messung 14, 57, 58, 63, 88
Mikrowellenherde 21
Mode 71, 73, 84
Mond 20, 23, 51, 53, 54
Mondregenbögen 40
Mumifizierung 33, 74
Musik 97–98, 100–101, 103
Muskeln 10, 11

Nasen 8, 14, 54
Natur 36–45
Niesen 8, 11, 81
Ninjas 70
Nobelpreis 23

Obst 10, 38, 44, 80, 82
Ohren 7, 13, 50
Öl 18

Penicillin 18
Phobien 33, 40, 60
Piñatas 80
Pipi 33, 48, 68, 70
Piraten 68, 71, 74, 83
Planeten 47–51, 53–54
Plankton 37
Plastik 24
Polygone 60
Prokaryoten 22

Räder 21
Rasenmäher 17
Regenwälder 37, 39, 41, 43
Riechen 7, 10, 28, 33, 48, 78
Römer 64, 67, 70, 78, 80, 83–84, 95
Rotz 8
Rülpsen 10, 78
Rüstung 68, 71, 91

Samen 41, 44, 80
Schall 7, 17, 24, 51
Schlaf 11, 28, 30, 33, 35, 52
Schlösser 68
Schluckauf 8
Schule 74, 77, 83
Schwarze Löcher 50, 60
Schwerkraft 24, 53, 60
Soldaten 68, 73, 78
Sonne 43, 47–49, 53–54
Sonnensysteme 49–50
Spiele 31, 67, 98, 100
Spinnenseide 24
Sport 51, 61, 67–68, 71, 79, 94–95, 97, 100, 104
Sprache 34, 70, 87, 90, 94
Sterne 48, siehe auch Sonne

Straßen 88
Stricken 77

Tanzen 81, 84, 97, 102
Technik 16–25
Telefone 17
Tiere 7, 18, 24, 25, 26–35, 40–43, 45, 55, 61, 64, 70–72, 82, 84, 92, 98, 101, 103

U-Boote 60
Umweltverschmutzung 88
Unendlichkeit 64
Universum 48, 51, 67
Unsichtbarkeit 23
Unsterblichkeit 31, 77
Unterhaltung 96–105

Vögel 25, 27, 34, 70
Vulkane 37, 43, 53–54

Wachstum 11
Wandern 14
Wasser 14, 37, 40, 48, 80
Weltraum 20, 23, 30, 46–55
Wetter 31, 37–38, 40–44, 50
Wimpernmilben 7
Wirbellose 34
Wissenschaft 16–25
Wolken 37, 42, 50
Würfel 57
Wüsten 38, 43, 44

Zahlen 57–58, 60–61, 63–64
Zähne 14, 30, 67, 70, 73
Zeit 58, 62–64, 88
Zellen 7, 8, 13, 18, 21, 22
Zungen 10, 34

Für Seth und Joe. – J. W.

Für Frankie. – L. L.

Dieses Buch ist Teil unseres Programms E. A. SEEMANNs BILDERBANDE.
Es umfasst Bücher und Spiele, die Kindern mit viel Spaß die bunte Welt der Kultur eröffnen: Malerei, Architektur und Kulturgeschichte, Musik, Oper, Theater und Tanz. Die BILDERBANDE macht Bücher zum Rätseln, Malen, Entdecken und Kunstmachen, Geschichten zum Vorlesen und Spiele.
Mehr erfahren Sie auf www.seemann-henschel.de, wo wir auch zum Thema „Kunst für Kinder“ bloggen.
www.facebook.com/seemanns.bilderbande
www.instagram.com/seemann_henschel_verlagsgruppe

Erstmals erschienen 2021 bei Frances Lincoln Children‘s Books, einem Imprint von The Quarto Group, unter dem Titel *The Encyclopedia of Unbelievable Facts*

Projektmanagement: Caroline Keller, Nora Schröder
Lektorat: Nora Schröder
Übersetzung: Alexandra Titze-Grabec, Wien
Satz: Gudrun Hommers, Berlin
Gesetzt in Louise Lockharts handgeschriebener Schrift
Gedruckt und gebunden in China

Bibliografische Information der Deutschen Nationalbibliothek
Die Deutsche Nationalbibliothek verzeichnet diese Publikation in der Deutschen Nationalbibliografie; detaillierte bibliografische Daten sind im Internet über http://dnb.dnb.de abrufbar.

ISBN 978-3-86502-462-6